ДЕТСКАЯ АВТО

ЭНЦИКЛОПЕДИЯ

МОСКВА

РОСМЭН

2013

СОДЕРЖАНИЕ

ВСЁ ОБ АВТОМОБИЛЕ

ЛЕГКОВЫЕ АВТОМОБИЛИ

ПО ГОРОДУ И ПО БЕЗДОРОЖЬЮ

СПОРТИВНЫЕ АВТОМОБИЛИ

АВТОБУСЫ И ГРУЗОВИКИ

ВСЁ ОБ АВТОМОБИЛЕ

ЧТО ТАКОЕ АВТОМОБИЛЬ

Лошадь надо кормить, да и едет она, запряженная, медленно и тряско

ВСЕ ПРОСТО

Что такое автомобиль? Автомобиль — это транспортная машина на колесах, которую приводит в движение двигатель. Казалось бы, вот как все просто! Но для того, чтобы создать современный автомобиль, потребовалось применить тысячи технических изобретений, над которыми долгое время работали ученые во многих странах мира.

На велосипеде далеко не уедешь — постоянно приходится крутить педали, да и сидеть не очень удобно, а уж на такой конструкции совсем невозможно

ВСЁ ОБ АВТОМОБИЛЕ

«САМОДВИЖУЩИЙСЯ»

Не сразу автомобиль приобрел привычный для нас внешний вид. И вот уже к автомобилям мы относим не только легковые машины, но и грузовики, автобусы, спортивные автомобили, а также машины специального назначения: военные, строительные, пожарные. Свое название автомобиль получил от слияния двух слов — греческого «авто», что означает «сам», и латинского «мобилис» — «подвижной, двигающийся».

Вот и получается, что слово «автомобиль» по-русски означает «самодвижущийся».

Этот роскошный «Роллс-Ройс», «Серебряный призрак», был выпущен в 1906 г. и имел скорость 105 км/ч

КАК МОЖНО БЫСТРЕЕ

Без автомобилей мы уже не представляем себе современной жизни, хотя и проблем от них появляется немало: все больше загрязняется воздух, с каждым годом растут «пробки» на дорогах, да и проблема утилизации старых авто тоже еще не решена. Но когда человек создавал это чудо техники, никто, естественно, даже об этом не мог и подумать. Уж очень хотелось передвигаться по этой планете как можно быстрее и желательно недорого! Вот и придумали автомобиль.

Как только не называли и не называют до сих пор в разных странах автомобиль: «мотор», «безлошадный экипаж», «самоходная коляска» и даже «моторная повозка»! Мы ведь тоже чаще говорим «машина», а английское слово «кар» — так называют свои автомобили англичане и американцы — переводится как «тележка, вагончик».

ЧЕМ ЗАМЕНИТЬ ЛОШАДЬ

ПАРОВАЯ ПОВОЗКА

Самой первой заменой лошади, впряженной в повозку, стала машина с паровым двигателем. Построил такую машину в 1770 г. французский военный инженер Николя Кюньо. Это была деревянная телега с огромным тяжелым паровым котлом, постоянно выпускающим клубы дыма. Поездка оказалась небезопасной! На повороте Кюньо не справился с управлением, и паровой котел, сорвавшись с машины, взорвался.

**Готлиб Даймлер
(1834—1900)**

**Карл Бенц
(1844—1929)**

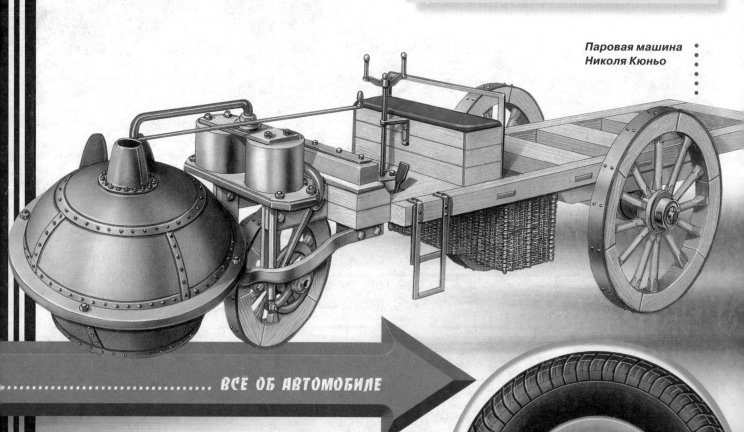

*Паровая машина
Николя Кюньо*

ВСЁ ОБ АВТОМОБИЛЕ

В 1926 г. заводы «Даймлер» и «Бенц» объединились. Новая фирма стала называться «Даймлер-Бенц», а ее автомобили несут марку «Мерседес-Бенц», так как еще в 1902 г. все легковые машины завода «Даймлер» стали называться «Мерседес». Почему? Коллега Даймлера Эмиль Еллинек выиграл одну из ранних гонок на автомобиле. В память об этом впредь всем автомобилям завода «Даймлер» должны были присваивать имя Мерседес — так звали дочь Еллинека.

Первый автомобиль К. Бенца

двигателя, работающего на бензине, занимались два талантливых немецких инженера. Карл Бенц установил свой двигатель на трехколесном экипаже и на испытаниях в 1885 г. развил скорость до 14,5 км/ч. Чуть позже свою конструкцию испытал и Готлиб Даймлер. Его автомобиль имел четыре колеса, руль и четырехскоростную коробку передач. Оба инженера организовали производство автомобилей своей конструкции.

БЕНЗИНОВЫЙ ДВИГАТЕЛЬ

Бельгийский инженер Этьен Ленуар в 1860 г. изобрел довольно легкий двигатель. Двигатель этот назвали двигателем внутреннего сгорания. Смесь воздуха и горючего газа сжигалась в цилиндре рабочей полости двигателя, энергия газа давила на поршень, который и вращал колеса. Изобретению Ленуара, конечно, еще было далеко до совершенства, но тем не менее он им успешно пользовался: установил свой двигатель на повозке и благополучно ездил на ней по разбитым сельским дорогам. В это же время разработкой автомобильного

Автомобиль Г. Даймлера. Первый «Даймлер» развивал скорость 16 км/ч

КОНВЕЙЕР ФОРДА

Современная модель автомобиля «Форд»

КОНВЕЙЕР ФОРДА

В конце 19—начале 20 в. автомобиль стоил очень дорого, потому что каждый собирался вручную для заказчика. Вспоминая шутливую фразу «автомобиль — не роскошь, а средство передвижения», можно с уверенностью сказать, что в те далекие времена все было с точностью до наоборот. А вот именно в средство передвижения автомобиль превратил американец Генри Форд. Этого человека недаром называют отцом автомобилестроения. Генри Форд родился в 1863 г. в штате Мичиган. Его родители были простыми фермерами, и вряд ли они предполагали, что имя их сына станет известно всему миру. Чем же знаменит этот человек? В 1903 г. Форд основал фирму «Форд мотор компани», где и воплотил в жизнь свои замечательные идеи.

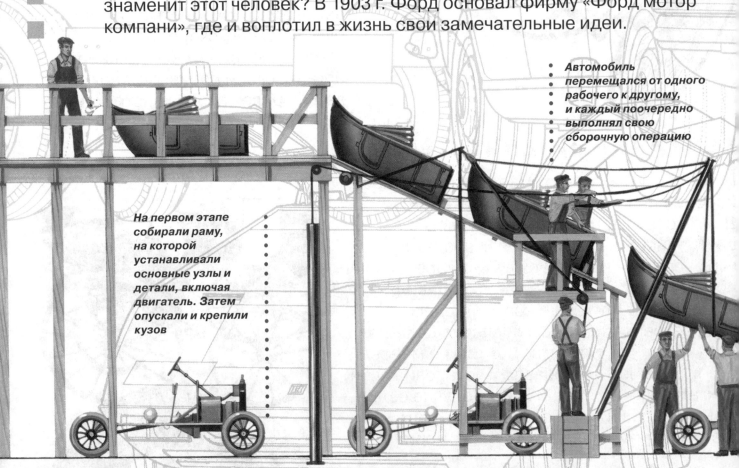

Автомобиль перемещался от одного рабочего к другому, и каждый поочередно выполнял свою сборочную операцию

На первом этапе собирали раму, на которой устанавливали основные узлы и детали, включая двигатель. Затем опускали и крепили кузов

А решил он вот что: сделать все узлы и детали автомобиля стандартными, то есть одинаковыми, и использовать при сборке движущийся конвейер, где каждый рабочий будет выполнять только свою простейшую операцию по сборке. Первое массовое производство «Форда» было начато в 1908 г., а уже к 1913 г. ежедневно собиралась тысяча автомобилей.

Так в 1914 г. выглядел завод по производству автомобилей Генри Форда.

Первый серийный автомобиль «Форд» модели «Т»

СБОРОЧНАЯ ЛИНИЯ

Сначала собирали шасси: прочную стальную раму, на которой размещались колеса и другие необходимые детали и узлы. Кузов собирали отдельно. Опускали его с помощью лебедок на готовую раму, где уже был закреплен болтами двигатель. Затем устанавливали все остальное — ветровые стекла, фары, гудок-сирену и так далее. По окончании сборки автомобиль съезжал с конвейера. Благодаря такому производству вся сборка занимала не больше часа. У первого серийного автомобиля «Форд» колеса еще были с деревянными спицами, но их уже «обули» в резиновые шины. Крыша — откидная, ветровые стекла открывались.

В 1913 г. с конвейера ежедневно съезжала тысяча автомобилей

ЧТО НУЖНО ЗНАТЬ

БЕНЗИНОВЫЙ ИЛИ ДИЗЕЛЬНЫЙ?

На любом автомобиле есть мотор, или двигатель. Это — самая важная составляющая часть автомобиля. Современный двигатель — очень сложное устройство. Самые распространенные в наши дни — бензиновые двигатели. Их можно встретить в большинстве легковых машин. Появившиеся электродвигатели еще недостаточно распространены, но они хороши тем, что практически бесшумны и не выбрасывают в воздух вредные вещества. Дизельные двигатели — они названы так в честь их создателя Рудольфа Дизеля — работают на дешевом топливе — солярке.

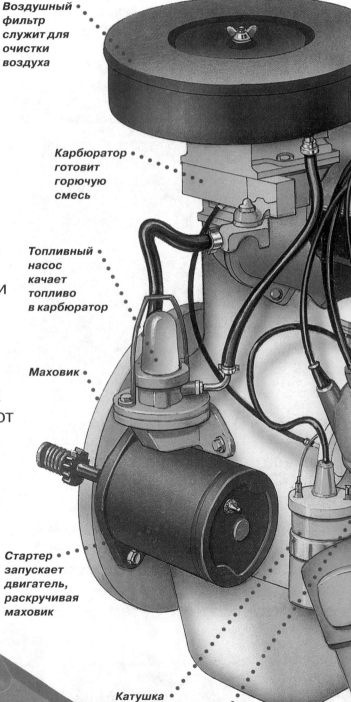

Воздушный фильтр служит для очистки воздуха

Карбюратор готовит горючую смесь

Топливный насос качает топливо в карбюратор

Маховик

Стартер запускает двигатель, раскручивая маховик

Катушка зажигания подает ток

Распределитель зажигания передает ток на свечи

Автомобильная свеча выполняет довольно важную работу — поджигает горючую смесь.

ВСЁ ОБ АВТОМОБИЛЕ

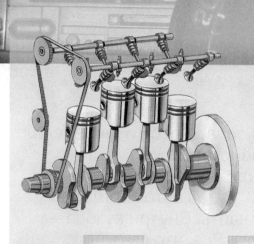

Коленчатый вал. Движение от поршней передается на коленчатый вал. Он начинает крутиться и передает свое вращение на коробку передач.

Клапаны впускают и выпускают газы

Поршень крутит коленчатый вал

Охлаждающий вентилятор

Фильтр очищает моторное масло

Генератор двигателя вырабатывает электроэнергию

УСТРОЙСТВО ДВИГАТЕЛЯ

Из бензобака бензин при помощи насоса поступает в карбюратор. Там он распыляется, и его пары смешиваются с воздухом, получается горючая смесь, которая поджигается свечой. Образовавшийся при вспышке газ расширяется и толкает поршень. Это движение передается на коленчатый вал, вал крутится и передает свое вращение на коробку передач. Двигатели могут быть различного объема и мощности. Мощность говорит о силе двигателя, а объем показывает, насколько велик двигатель. Рабочий объем измеряют в литрах или в кубических сантиметрах.

Карбюратор — это прибор для приготовления горючей смеси для двигателя автомобиля.

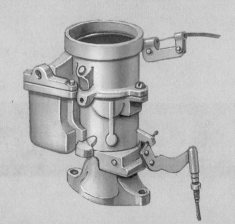

Автомобиль состоит из трех основных частей: кузова, шасси и двигателя. Конечно, это все еще не автомобиль. Такое устройство даже не тронется с места. Необходимо множество сложных узлов и систем, которые работают в тесной связке друг с другом. Кузов автомобиля — это основа. К нему крепятся двигатель, ходовая часть. Внутри кузова — салон, где располагаются сиденья, руль, приборы. Все, что связано с бензином — от бензобака до выхлопной трубы, — называется системой питания. А чтобы на свече возникла искра, необходимо электричество. Электроэнергию для системы зажигания и для электрических приборов дает генератор. Чтобы металл в двигателе при трении не деформировался, существует система смазки.

Кузов — важнейшая часть автомобиля, его форма определяет внешний вид машины и скорость: хорошо обтекаемая форма кузова может дать значительное увеличение скорости автомобиля и уменьшить расход топлива. Безопасность тоже во многом зависит от кузова, а «долговечность» автомобиля — от устойчивости кузова к ржавлению

Руль

Крыло

Двигатель

Бампер

Фары

К двигателю крепится коробка передач или по-другому — коробка скоростей. Она передает вращение коленчатого вала колесам. Когда автомобиль трогается с места, нужна не скорость, а большое тяговое усилие. Водитель включает первую передачу, и автомобиль начинает ехать. Машина постепенно разгоняется, водитель включает вторую передачу и так далее

15

Каждому автомобилю жизненно необходима система охлаждения, механизмы управления — тормоза, рулевое управление и электрооборудование: источники питания (аккумулятор и генератор); система пуска (стартер и контакты замка зажигания); система зажигания (свечи зажигания, катушка, провода высокого напряжения); система освещения, контрольные приборы; стеклоочистители, отопление и, конечно, компьютер.

Колесо

Дверь

Шасси отвечает за движение автомобиля. Оно состоит из большого количества деталей и узлов, все они предназначены для передачи вращения от двигателя к ведущим колесам, для управления и передвижения автомобиля. В состав шасси входят такие важные узлы, как коробка передач, сцепление, карданный вал, рулевое управление, тормоза и подвеска колес

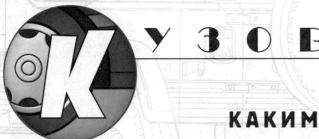

КУЗОВ

КАКИМ БЫВАЕТ КУЗОВ

Типы кузовов автомобилей делятся на три большие группы: закрытые, открытые и комбинированные, хотя и эти группы в свою очередь можно разделить на частично открывающиеся, полностью открывающиеся, закрытые, нестандартные кузова, грузопассажирские. Также нужно различать количество объемов, составляющих внутреннее пространство кузова. Однообъемный кузов состоит из объединенных в одно целое пассажирского отсека и отсеков для двигателя и багажа. Двухобъемный кузов состоит из двух отсеков: один для двигателя или багажа, второй для размещения пассажиров и багажа. Трехобъемный: один отсек для двигателя, второй для пассажиров и третий для багажа. Пассажирский отсек кузова называют салоном.

Многие разновидности кузовов автомобили унаследовали от конных экипажей, а те в свою очередь получили свои названия от городов: Лимузин, Седан, Ландау. Словами «кабриолет» и «купе» тоже называли конные коляски.

УНИВЕРСАЛ

Кузов с удлиненным салоном и задней дверью (как пример — «Жигули» четвертой модели). Под общей крышей объединены салон и багажный отсек с задней, почти вертикальной дверью. Универсал — это грузопассажирский автомобиль, поэтому все сиденья, кроме водительского, как правило, могут складываться. Другие встречающиеся названия такого кузова — комби, вагон.

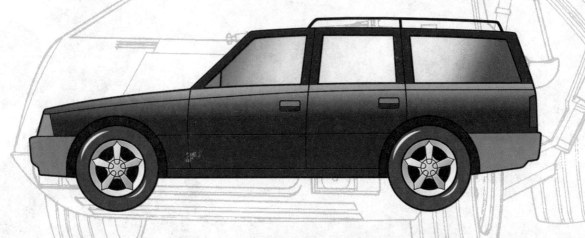

КАБРИОЛЕТ

Очень давно кабриолетом называли двухколесный экипаж с одной лошадью. В 30-е гг. прошлого столетия это название перешло на автомобиль с открытым прогулочным кузовом с мягким складывающимся тентом и опускающимися боковыми окнами. Верх обычно поднимают и опускают с помощью электрогидравлического устройства. Стекла дверей поднимаются и плотно входят в пазы верха — такое соединение достаточно для того, чтобы в салон не проникали дождь и ветер.

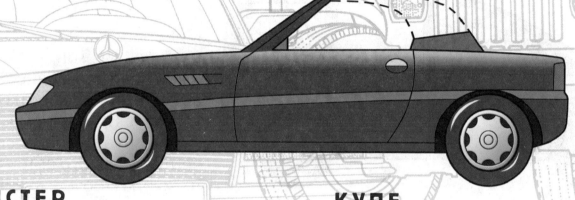

РОДСТЕР

Тип кузова открытых автомобилей полуспортивного типа на двоих, иногда с довольно узкими задними сиденьями (для детей). Такие родстеры называют 2+2, то есть с двумя местами для взрослых и двумя — для детей. Крыша складывается в отделение за сиденьем или в багажник. Из-за многообразия моделей его можно спутать с кабриолетом. Иногда родстер так и называют — двухместный кабриолет.

КУПЕ

Закрытый кузов спортивного типа с двумя боковыми дверями, двух- или трехобъемный салон разделен с багажником. Как и родстер, купе можно видеть в основном на дорогих автомобилях с мощным двигателем.

СЕДАН

Седан — трехобъемный закрытый пассажирский кузов, самый распространенный тип кузова с четырьмя боковыми дверьми («Жигули» первой модели или «Волга» ГАЗ-24). Багажный отсек отделен от салона. Седан считается самым комфортным (после лимузина) кузовом.

МИНИ-ВЭН

Мини-вэн, маленький грузовой фургон, — универсал повышенной вместимости с коротким капотом. Однообъемный кузов, сочетающий в себе черты легкового автомобиля и микроавтобуса. Кузов выше универсала, в салоне обычно три ряда сидений.

ПИКАП

Пикап — тип кузова грузопассажирских автомобилей с открытой платформой для размещения груза. Кабина может быть как двухместная, так и многоместная (у американских и японских моделей). Автомобили с таким типом кузова обычно полноприводные.

ХЕТЧБЭК

Хетчбэк — второй по распространенности после седана тип кузова, нечто среднее между универсалом и седаном. Три или пять дверей, одна из которых багажная (как пример — «Жигули» девятой модели). Широкая задняя дверь позволяет перевозить достаточно крупные предметы.

ЛИМУЗИН

Представительский автомобиль с перегородкой (чаще всего это подъемное стекло) между первым и остальными сиденьями

ФАЭТОН

Фаэтон — полностью открывающийся кузов, со съемными боковыми стеклами

ЛАНДО

Ландо — кузов, у которого сплошная крыша только над двумя передними сиденьями, а над задним — съемная

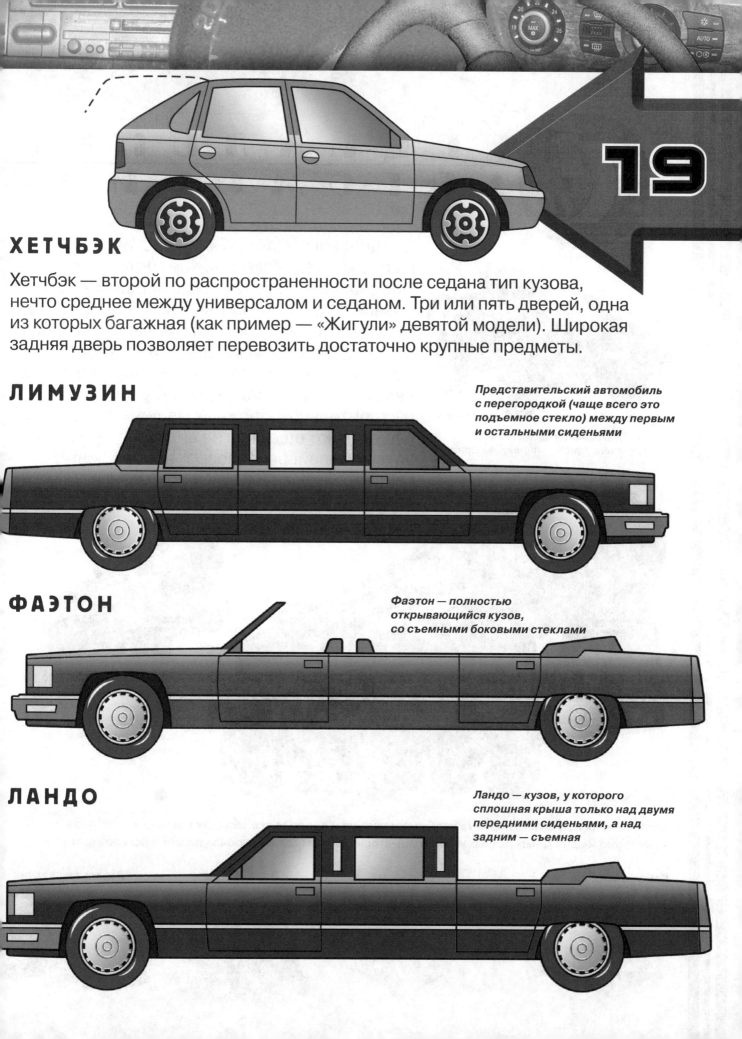

ПЕЦИАЛЬНЫЕ АВТОМОБИЛИ

Специальных автомобилей поставлено на службу человека великое множество. Предназначение у таких «помощников» самое разное. Очень важны для жизни города муниципальные (или коммунальные) машины. К муниципальным машинам относятся и такси, и «скорая помощь», и многочисленные семейства противопожарных, уборочных и строительно-дорожных машин. Также существуют еще многие виды специальных автомобилей: бензовозы и аэродромные топливозаправщики, автопогрузчики, автоподъемники, бурильно-крановые

ГАЗ-3937. Основное назначение бронетранспортера — перевозка солдат

Стратегический ракетный комплекс РС-12М «Тополь». Состоит на вооружении российской армии с 1985 г.

Строительная и дорожная техника необходима везде: и в городе, и в сельской местности. Огромное количество машин самых разных «профессий» строит для нас здания, прокладывает и ремонтирует дороги.

| Кабелеукладчик | Погрузчик | Каток | Асфальтоукладчик |

Такой мусоровоз снабжен гидравлическим подъемником, рабочие только включают механизм и наблюдают за погрузкой

Уборочные машины подметают мостовые и тротуары, поливают их водой, чтобы не было пыли

Противопожарные машины бывают самые разные: одни заливают огонь водой, другие — специальной пеной, порошком или углекислым газом; также машины могут быть оборудованы насосом, цистерной или выдвижной лестницей

машины и так далее. К специальным автомобилям относятся и военные машины, без которых армии не обойтись. Они перевозят личный состав и грузы, а самое главное — на шасси автомобиля монтируется различное оборудование и вооружение. Все армейские автомобили должны обладать высокой проходимостью, чтобы машина не буксовала в песке или грязи в условиях бездорожья.

Микроавтобус «Форд Транзит» оборудован под станцию «Скорой помощи»

ЕВРОПЕЙСКАЯ КЛАССИФИКАЦИЯ

«СМАРТ». Сверхкомпактные городские автомобили очень популярны в Европе

На сегодняшний день придумано множество конструкций автомобилей, поэтому знание классификации не только интересно, но и необходимо. В Европе принято все легковые автомобили подразделять на классы в зависимости от размеров (габаритов). Выделяют шесть классов, и обозначаются они буквами латинского алфавита — A, B, C, D, E, F.

КЛАСС А (МИНИ)

Сюда входят малогабаритные автомобили, предназначенные для города. Длина таких машин не превышает 3,6 м, а ширина 1,6 м. Типичные представители этой категории — «Смарт», «Форд К» и «Рено Твинго».

КЛАСС В

Это довольно популярный класс машин, большинство которых имеет кузов хэтчбек с тремя или пятью дверями. Длина — от 3,6 до 3,9 м, ширина 1,5—1,7 м. Такие автомобили еще называют автомобилями малого класса. Типичные представители — «Фиат Пунто», «Опель Корса».

«ОПЕЛЬ КОРСА» имеет одни из самых высоких в своем классе результатов тестирования на безопасность

CORSA

КЛАСС С

Его называют еще «гольф-класс» или «компакт-класс», так как типичный представитель — «Фольксваген Гольф» — уже несколько десятилетий является здесь законодателем мод. Длина автомобиля «гольф-класса» от 3,9 до 4,4 м, ширина — 1,6—1,75 м. Класс представляют также «Рено Меган», «Опель Астра».

В салоне двухдверного «ОПЕЛЬ АСТРА» довольно просторно, и пассажирам на всех сиденьях будет удобно

«АУДИ А4». Экономичный и вместительный автомобиль

КЛАСС D

Средний класс. Часто автомобили этого класса соперничают со следующим — классом Е. В класс D входят машины длиной 4,4—4,7 м и шириной 1,7—1,8 м. Типичные представители: БМВ «третьей серии», «Ауди А4», «Опель Вектра», «Фольксваген Пассат».

КЛАСС E

Высший средний класс. Не исключено, что в скором времени этот класс прекратит свое существование. Предыдущий класс, наращивая мощность и повышая комфортность, приближается к классу E, да и автомобили самого класса E тоже стремятся к повышению классности. Традиционные параметры машин E-класса: длина свыше 4,6 м, ширина — свыше 1,7 м. Типичные представители: «Опель Омега», «Мерседес-Бенц E-класса» и БМВ пятой серии.

«БМВ 5». Настоящий автомобиль бизнес-класса — мощный и надежный

«БМВ 7». Элегантный, быстрый и маневренный автомобиль представительского класса

ВСЁ ОБ АВТОМОБИЛЕ

КЛАСС F

Комфортабельные мощные автомобили. Это класс «люкс» или «представительский класс». Длина таких машин более 4,6 м, а ширина — свыше 1,7 м. Типичные представители: БМВ седьмой серии, «Ягуар XJ8», «Мерседес-Бенц S500/ S600», «Роллс-Ройс».

«ФОЛЬКСВАГЕН ТУАРЕГ».
Комфортный внедорожник
представительского класса.
Обладает управляемостью
и реакцией спортивного
автомобиля

«ДОДЖ РАМ 1500».
Последняя цифра
указывает на
грузоподъемность
автомобиля

ДРУГИЕ

Кроме базовых моделей, почти все производители выпускают варианты
с кузовом универсал. По размерам эти машины соответствуют базовой
модели и ее классу. Есть несколько групп автомобилей, которые не входят
ни в один из классов. Это купе, кабриолеты, родстеры, минивэны, универсалы
повышенной проходимости и внедорожники. Но и внутри этих групп есть
свои деления. Также довольно часто встречается и другая классификация
автомобилей — ценовые группы, хотя цена, как правило, зависит от
комплектации. Самая простая и дешевая комплектация называется базовой.

«АУДИ А4 КАБРИОЛЕТ».
Крыша традиционна для
классических кабриолетов —
складывающийся тент

ТЮНИНГ

Даже если на человеке новый костюм, а ботинки старые и грязные, то они испортят все впечатление. С автомобилистами, влюбленными в свои авто, та же история, поэтому многие водители начинают изменения с того, что ставят на свои автомобили красивые колесные диски. Дальше наступает черед пластмассовых накладок на кузов и тонирование стекол, установка разноцветных лампочек в салоне. Конечно, это можно считать тюнингом, если придерживаться мнения, что тюнинг — это любая доработка автомобиля. Реально же тюнинг может включать в себя достаточно серьезные изменения в конструкции двигателя, подвески и других системах автомобиля.

Верно подобранный и качественно выполненный рисунок сделает автомобиль особенным и неповторимым

Аэрография — это нанесение рисунка на любую гладкую поверхность с помощью специального устройства — аэрографа, работающего на сжатом воздухе. Рисунок наносится жидким или порошковым красителем.

Каждое изменение в машине должно быть продумано и профессионально рассчитано. Например, тюнинг двигателя — прежде всего повышение его мощности. Достигается это сложными техническими усовершенствованиями конструкции. Чем больше желаемая мощность двигателя, тем больше изменений придется внести в его конструкцию.

Генри Форд когда-то заявил, что у него можно приобрести любой автомобиль при условии, что это «Форд Т» черного цвета. Сотни тысяч «Фордов Т» сходили с конвейера и сразу же попадали в малярные мастерские, где их перекрашивали в соответствии с пожеланиями владельцев в любой цвет. Так возникло искусство подгонять стандартную машину под характер и вкусы ее хозяина.

Слово «tuning» переводится с английского как «настройка», «регулировка».

Американские водители-дальнобойщики используют всевозможные средства для украшения своего любимого грузовика

Очень популярным и модным становится аэрографическая роспись — нанесение рисунков на кузов автомобиля. История этого вида искусства уходит корнями в позапрошлое столетие. Сначала рисунки появились на гоночных автомобилях: на кузов наносились отличительные знаки, специальные отметки о количестве побед, изображения трофеев. Теперь сюжеты стали более разнообразны — животные, сказочные персонажи, драконы, фантастические темы.

ЛЕГКОВЫЕ АВТОМОБИЛИ

РОССИЙСКИЕ АВТОМОБИЛИ

«РУССО-БАЛТ»

Автомобильная история России начинается, как это ни странно, со строительства железной дороги. В 1883 г. начали строить Транссибирскую магистраль, и всего за десять лет небольшой вагоностроительный завод в городе Риге превратился в огромное предприятие, где трудились 4 тысячи человек. Кроме пассажирских вагонов для железной дороги, на заводе выпускались различные двигатели, а позже, в годы Первой мировой войны, и самолеты — знаменитые четырехмоторные

«РУССО-БАЛТ» модели «К12-20» не раз был первым на международных выставках

«РУССО-БАЛТ» модели «С24-30»

Первый российский автомобиль появился в 1896 г. Его создатели — Евгений Яковлев и Петр Фрезе. Это была машина с мотором мощностью 2 л. с. Автомобиль представили публике на Всероссийской выставке в Нижнем Новгороде. Автомобиль не сохранился, но его копию можно увидеть в Москве в Политехническом музее. Там же находится и единственный сохранившийся «Руссо-Балт» модели «К12-20» 1911 г.

ЛЕГКОВЫЕ АВТОМОБИЛИ

бомбардировщики «Илья Муромец». В июне 1909 г. из заводских ворот выехал первый автомобиль. Основным заказчиком завода в те неспокойные годы выступала армия, поэтому, кроме легковых авто, завод выпускал грузовики, армейские штабные автомобили, полугусеничные вездеходы. «Русско-Балтийский вагонный завод» выпускал до 250 автомобилей в год. Для сравнения: в том же, 1911 г. такие фирмы, как «Альфа-Ромео», «Бьюик», тоже выпускали по 150—200 машин. К началу Первой мировой войны (1914) завод производил уже пять моделей «Руссо-Балта», различавшихся кузовами и двигателями. Выпускались и специальные машины — пожарные, санитарные.

ГАЗ-64

ГАЗ

Горьковский автомобильный завод строился одним из первых в СССР. В 1930-е гг. это был гигантский и сверхсовременный для тех лет завод. В то же время в стране появляется еще один автогигант — Завод имени Сталина (ЗИС), директором которого был И. А. Лихачев. Позднее заводу присвоили его имя (ЗИЛ). В 1966 г. начат выпуск легковых машин на ИжМаше, на ВАЗе — с 1970 г. В конце XX в. восемь заводов в Москве, Нижнем Новгороде, Тольятти, Ижевске, Ульяновске, Набережных Челнах, Серпухове выпускают легковые автомобили. Около 15 предприятий — грузовики и автобусы.

Первую машину на Горьковском автомобильном заводе выпустили в 1932 г. Автомобили изготавливались по чертежам фирмы «Форд». Знаменитый автомобиль ГАЗ-М («эмка») тоже имел свой прототип — «Форд V8-40», но инженеры завода внесли значительные изменения в конструкцию. Во время Великой Отечественной войны завод выпускал грузовики, вездеходы ГАЗ-64 и ГАЗ-67, бронеавтомобили, танки, самоходные орудия.

ГАЗ-М («эмка»)

Машина «ПОБЕДА» свое имя получила в честь победы советского народа в Великой Отечественной войне 1941—1945 гг.

«ПОБЕДА»

В ноябре 1944 г. на ГАЗе были собраны два опытных образца нового пятиместного легкового автомобиля ГАЗ М-20 «Победа». При мощности мотора 50 л. с. автомобиль разгонялся до 100 км/ч. Впервые в Советском Союзе на машине появились указатели поворотов, стеклоочистители, стоп-сигналы и обогрев салона. «Победу» выпускали до 1958 г. Автомобиль был очень популярен, в Польше даже построили завод по выпуску этих машин, но назывались они «Варшава».

«ЧАЙКА»

В январе 1959 г. на Горьковском автомобильном заводе была собрана первая партия легковых семиместных автомобилей представительского класса ГАЗ-13 «Чайка». У машины был двигатель мощностью 195 л. с. (скорость до 165 км/ч), гидроусилитель руля, электрические стеклоподъемники, кнопочный переключатель передач, противотуманные фары

Представительский автомобиль «ЧАЙКА»

и даже всеволновый радиоприемник. На «Чайках» ездили крупные государственные чиновники, высшее руководство, послы СССР в зарубежных странах. ГАЗ-13 «Чайка» выпускался до 1980 г. Всего было собрано 3179 автомобилей.

ГАЗ-24 «ВОЛГА».
Почти двадцать лет завод выпускал этот автомобиль. В советские времена «Волга» была лучшей легковой машиной. До сих пор используется в парках такси

ГАЗ-3111 «ВОЛГА».
Выпуск этого автомобиля на заводе начали в 2000 г. Про эту машину говорят, что она длиннее, чем «Мерседес» Е-класса, весит больше 5-го БМВ и выглядит, как «Ягуар». Но в настоящий момент выпуск этой модели приостановлен. Она оказалась слишком дорогой для российского рынка

«ВОЛГА»

К созданию самого популярного автомобиля «Волга» на Горьковском автомобильном заводе приступили в 1953 г., а в 1957 г. уже было налажено производство модели ГАЗ-21 «Волга». Производство «Победы» — предшественницы «Волги» — после этого продолжалось еще год. В 1968 г. выпустили пробную партию новой модели — ГАЗ-24 «Волга». В Европе «Волги» окрестили танками на колесах, поскольку это были мощные, надежные автомобили, с хорошей проходимостью, рассчитанной на российские дороги.

*ВАЗ-2106 — популярнейшая модель «Жигулей».
До сих пор она считается самой надежной в семействе*

*ВАЗ-21108 — одна из многих
машин семейства «Самара»*

ВАЗ

Волжский автомобильный завод был построен в городе Тольятти при участии компании «ФИАТ». Производство самого народного автомобиля «Жигули» началось в 1970 г. С тех пор было выпущено несколько семейств этих автомобилей в различных вариантах: седан, универсал, хетчбэк и даже купе. На ВАЗе выпускают и внедорожник «Нива». «Жигули» пользуются популярностью не только в нашей стране. Но название «Жигули» сложно произнести на других языках. Когда машину стали продавать за рубеж, то придумали более простое название — «Лада». С тех пор в Европе ездят на «Ладах», а в России на «Жигулях».

«ОКА» придумана на ВАЗе, но выпускается на двух заводах: в городе Серпухове на СеАЗе и в городе Набережные Челны на КамАЗе. Это совсем маленький автомобильчик, поэтому в шутку его называют «авоська на колесах»

ВАЗ-2101 был первым автомобилем, сошедшим с конвейера в Тольятти. Его обычно называют копейкой.

ЛЕГКОВЫЕ АВТОМОБИЛИ

«МОСКВИЧ»

В 1947 г. Московский завод малолитражных автомобилей (МЗМА) начал массовое производство «Москвича-400». К 1969 г. было выпущено уже несколько новых моделей, а завод переименован в АЗЛК — Автомобильный завод имени Ленинского Комсомола. Современные модели этого завода по-прежнему носят марку «Москвич», но получили еще и исторические названия: «Князь Владимир», «Святогор», «Юрий Долгорукий», «Иван Калита».

«МОСКВИЧ-2142-Р5», или «Князь Владимир», с кузовом седан

«МОСКВИЧ-400»

УАЗ-3162. У этой модели, как и положено настоящему внедорожнику, все колеса ведущие

УАЗ

Ульяновский завод (УАЗ) выпускает машины, которые по своей проходимости могут конкурировать со знаменитыми американскими джипами и другими внедорожниками, уступая им лишь только по части комфортности. Более тридцати лет колесит по дорогам знаменитый «козлик» — УАЗ-469, удобный и неприхотливый. Более поздние модели, выпущенные на УАЗе, имеют современный дизайн и новые конструкторские решения.

ФОРД

В 1993 г. вышла в свет модель «ФОРД МОНДЕО», а в следующем году автомобиль был признан автомобилем года. В 2001 г. компания представила новую модель «Форд Мондео», созданную по новейшим технологиям

«ФОРД МОТОР»

«Форд Мотор Компани» — американская автомобильная компания. Штаб-квартира «Форда» находится в штате Мичиган в Диборне. Именно там была когда-то ферма родителей Генри Форда, основателя компании. Сегодня у «Форд Мотор» есть свои производственные и торговые центры в 30 странах мира. Компания ежегодно производит миллионы легковых автомобилей, грузовиков и сельскохозяйственных машин.

Более 70 различных моделей машин, произведенных под марками «Форд», «Меркюри», «Линкольн», «Ягуар», «Астон-Мартин», продается по всему миру. У компании также есть доля акций в «Мазда Мотор» и «Киа Мотор».

УСПЕХ

Как уже упоминалось, компания была основана Генри Фордом в 1903 г. с целью выпуска массового дешевого автомобиля. Первоначально такой была модель «А», в 1908 г. ее сменила знаменитая модель «Т», успех которой был так велик, что предприятия Форда не справлялись с заказами. В первый год было продано 10 600 машин этой модели, что по тем временам составляло невероятное количество.

Первое поколение семейства «ФОРД ФИЕСТА» появилось еще в 1976 г. Жизненный путь моделей нового поколения начался на Женевском автосалоне в 1989 г.

ЛЕГКОВЫЕ АВТОМОБИЛИ

«ФОРД ГЭЛАКСИ 500XL», 1962 г. Буквы XL означают «экстра лайвли» — «сверхжизнерадостный»

«ФОРД ФОКУС». Европейская премьера с кузовом хетчбэк состоялась в начале 1998 г. в Женеве

Так выглядит один из европейских заводов компании

С 1942 по 1945 г. компания направила все свои мощности на выпуск военной техники: бомбардировщиков, двигателей для самолетов, танков, противотанковых установок. Но сразу после окончания военных действий компания быстро вернула себе прежние позиции на автомобильном мировом рынке. Были построены новые заводы, склады, два огромных испытательных полигона и инженерно-исследовательские лаборатории.

В 1920—1930-е гг. «Форд Мотор» открывает отделения во многих странах мира, в том числе сотрудничает с Советской Россией. Сегодня мало кому известно, что компания вышла на российский рынок еще в 1907 г. Первое представительство «Форд Мотор Компани» располагалось в Москве на Петровских линиях. В 1925 г. в России было продано 11 тысяч единиц транспортных средств: легковых автомобилей, грузовиков, тракторов. В 1929 г. подписано соглашение о строительстве двух заводов в Нижнем Новгороде (позднее Горьковский автомобильный завод) и Москве (впоследствии АЗЛК). Но в 1935 г. сотрудничество приостанавливается и возобновляется лишь через многие годы. В 1997 г. компания «Форд» становится первым иностранным производителем, основавшим в России дочернюю компанию.

ЯГУАР

КЛАСС «ЛЮКС»

«Ягуар» — английская автомобильная компания, выпускает легковые автомобили класса «люкс», входит в состав корпорации «Форд Мотор». Главный офис находится в городе Ковентри. В 1925 г. Уильям Лайонс и Уильям Уолмси основали фирму по производству колясок для мотоциклов. Но дела шли не очень хорошо, и Лайонс занялся разработкой кузова для популярного в то время автомобиля «Остин 7», а позже спроектировал и собственный автомобиль. Летом

Салон автомобиля «Ягуар»

«S TYPE (тип S)», автомобиль бизнес-класса, представлен 21 октября 1998 г. в Бирмингеме. На решетке радиатора исчез хромированный ободок, а рамка окрашена в цвет кузова, впрочем, такие изменения может заметить только специалист

1931 г. компания представила две модели: «SSI» и «SSII». За ними последовали «Ягуар SS90» и «Ягуар SS100». Названия моделям придумал сам Лайонс, а в 1945 г. и компания стала называться «Ягуар». Успех пришел в 1948 г. на Лондонской выставке, где был представлен «Ягуар ХК120». Этот автомобиль легко развивал скорость до 193 км/ч и был признан самым быстрым среди серийных автомобилей.

В 2000 г. «Ягуар» вернулся на арену гонок «Формула-1». В честь этого события был подготовлен к выпуску новый спортивный автомобиль «XKR «Сильверстоун».

ЛЕГКОВЫЕ АВТОМОБИЛИ

«C TYPE» (тип С), 1951—1953 гг. Двухдверный, двухместный спортивный автомобиль

С 1961 по 1988 г. компания выпускает целый ряд спортивных купе и представительских седанов. Машины отличают очень высокие характеристики и столь же высокие цены. Тем не менее продажи растут, а по престижности автомобили сравниваются с «Феррари» и «Роллс-Ройсом». В 1998 г. открывается подразделение «Ягуар Спорт», занимающееся разработкой спортивных модификаций на базе серийных автомобилей.

«ХК». Внешне новый «Ягуар ХК» почти не отличается от автомобиля, который появился в 1996 г. Изменилась лишь эмблема модели и цвета́ кузова, появились ксеноновые фары

Еще в пятидесятых годах «Ягуар» начал сотрудничать с английской фирмой «Даймлер». Роскошные автомобили известной компании постепенно заменяются выпускаемыми на заводах «Даймлер» «Ягуарами», в 1960 г. «Даймлер» входит в состав «Ягуара», а позже компании объединяются с «Бритиш Мотор». В 1989 г. «Ягуар» становится филиалом фирмы «Форд Мотор».

ЛИНКОЛЬН

ЛИЛАНД – ЛИНКОЛЬН

«Линкольн Мотор» — в настоящее время отделение корпорации «Форд Мотор». Выпускает автомобили класса «люкс». Эти дорогие, престижные представительские машины очень популярны среди высокопоставленных государственных чиновников и представителей крупного бизнеса. Компания была основана американским конструктором и предпринимателем, а в дальнейшем и компаньоном Генри Форда — Генри Мартином Лиландом. Именно этому человеку принадлежит идея использования в автомобилестроении совершенно одинаковых (унифицированных) деталей и узлов, что в дальнейшем с успехом применялось на заводах Форда.

Большое впечатление на публику произвел рекламный трюк, продемонстрированный Лиландом и его командой в Бруклине в 1907 г. Три автомобиля разобрали на детали на глазах у сотен зрителей, детали сложили в одну кучу. Собранные заново из стандартных деталей машины проехали после этого без поломок 800 км.

ЛЕГКОВЫЕ АВТОМОБИЛИ

«ЛИНКОЛЬН» серии LS впервые был представлен в Нью-Йорке в апреле 1998 г. и сразу же стал популярным среди любителей больших спортивных седанов класса «люкс»

«ЛИНКОЛЬН КАПРИ»
1958 г. был самым большим
легковым автомобилем года.
При колесной базе в 3,33 м
в нем могли разместиться
семь человек

Первая компания, основанная талантливым инженером, производила паровые машины и судовые моторы. А к 1896 г. освоила выпуск автомобильных двигателей. В 1902 г. Лиланд получает приглашение на работу от Генри Форда. В результате сотрудничества возникает новая компания по выпуску автомобилей высшего класса. Фирму называют в честь основателя города Детройта маркиза де Кадийяка, как вы уже догадались. В августе 1902 г. появилась «Кадиллак Мотор Компани». В 1917 г. Лиланд оставил пост президента компании «Кадиллак» и основал новую — «Линкольн Мотор», названную так в честь президента США Авраама Линкольна. Впоследствии компания вошла в состав «Форд Мотор».

Новая версия знаменитой,
еще довоенной модели
«ЛИНКОЛЬН КОНТИНЕНТАЛЬ»
выпущена в 1995 г.

БЕНТЛИ

«АРНАЖ RL» . Арнаж — название одного из виражей на трассе гонок «24 часа Ле-Мана» — напоминание о былых победах

АВТОМОБИЛЬ-ЛЕГЕНДА

«Бентли Карс LTd.» — английская компания, выпускающая легендарные марки автомобилей. Марка «Бентли» — еще одно подтверждение умения англичан создавать поистине выдающиеся автомобили. С самого основания компании Уолтер Оуэн Бентли, решив выпускать престижные автомобили, особое внимание уделял технической стороне вопроса, а основное предназначение своих машин он видел в победах на автомобильных гонках. И действительно, машины марки «Бентли» практически всегда побеждали. В 1919 г. Бентли разработал свой первый автомобиль, в 1921 г. начал его производство, а в 1922 г. машины Бентли выиграли командный приз в гонках «Турист Трофи», с 1924 по 1930 г. автомобили компании пять раз выигрывали гонки в Ле-Мане и множество других соревнований.

Комплект кожаной отделки салона «Бентли» состоит из 400 деталей. На каждой из них ставят номер того автомобиля, на который она будет установлена, и инициалы мастера, отвечающего за работу. Операции по отделке салона выполняются только вручную.

ДОРОГИЕ И РОСКОШНЫЕ

В 1931 г. «Бентли» становится маркой компании «Роллс-Ройс», а в 1933 г. появляется первый автомобиль, созданный совместно.

Многолетнее сотрудничество отразилось на внешнем дизайне: кузов «Бентли Арнаж» очень похож на современный «Роллс»,

«КОНТИНЕНТАЛЬ GT». Автомобиль был представлен на салоне в Париже и почти сразу же 19 декабря 2003 г. состоялся его российский показ в Москве

Continental GT

хотя «Бентли» больше не принадлежит компании «Роллс-Ройс». С 1998 г. автомобили этой марки производятся концерном «Фольксваген». Дорогие, роскошные, комфортные автомобили «Бентли» тем не менее не являются представительскими автомобилями. Владельца такой машины часто можно видеть не сзади, не на пассажирском месте, а за рулем. Это автомобиль для состоятельных людей, любящих скорость.

«S3 ФЛАИНГ СПУР», 1962—1966 гг. Четырехдверный пятиместный автомобиль. Максимальная скорость 185 км/ч

ОПЕЛЬ

«МЕРИВА». Этот пятиместный компактный мини-вэн производится с 2003 г. в городе Сарагосе (Испания)

ВСЕ НАЧАЛОСЬ СО ШЛЯПЫ

«Опель» — немецкая автомобильная компания, с 1928 г. входит в концерн «Дженерал Моторс». Выпускает легковые автомобили, микроавтобусы, мини-вэны. Главный офис находится в Германии в городе Рюссельсхайме.

«КОРСА». Хороший городской автомобиль с уютным и красивым салоном. Все элементы управления расположены удобно для водителя

Семья Опель проживала на юге Германии, в местности, которая называлась Опель. Дед Адама Опеля был обычным фермером, но не совсем обычным человеком, так как решил, что его сын непременно должен получить образование. Сын вырос и построил в своем городке Рюссельсхайме фабрику по производству шляп. В мае 1837 г. в семье рождается мальчик Адам, которого, когда приходит время, отправляют на учебу во Францию. Там на Парижской выставке Адам Опель увидел последнее чудо техники — швейную машинку. Вернувшись домой, он собирает свою швейную

ЛЕГКОВЫЕ АВТОМОБИЛИ

После поражения Германии во Второй мировой войне большая часть оборудования «Опель» была вывезена в СССР и установлена на советских автомобильных заводах. Но «Опель» быстро восстановил мощности и с 1947 г. возобновил выпуск автомобилей.

45

машинку и приспосабливает ее для пошива шляп на предприятии отца. Дела пошли так хорошо, что в 1868 г. Адам открывает собственную компанию по производству швейных машин. К тому времени Адам Опель уже являлся отцом пятерых сыновей. Любимым увлечением всех мальчиков был велосипед. Интерес сыновей не остался незамеченным: в 1887 г. компания начинает выпуск велосипедов. Именно братья Опель стали первыми чемпионами по велоспорту, благодаря чему марка

«АСТРА». 24 июня 2004 г. организация по защите прав потребителей «Европейская программа оценки новых автомобилей» объявила новую модель «Опель-Астра» самым безопасным семейным автомобилем малого размера

«Опель» стала известна в мире. В 1897 г. братья оказались на автосалоне в Берлине, где впервые увидели автомобиль, который стал для них не просто увлечением, но делом всей жизни. В 1899 г. был собран первый автомобиль компании «Адам Опель AG», а на смену велогонкам пришли гонки автомобильные.

«СПИДСТЕР». Прототип был показан на автосалоне в Женеве в 1999 г. Автомобиль создан по технологиям «Формулы-1», поэтому для тех, кто хочет поиграть в настоящего пилота, этот родстер — лучший тренажер

КАДИЛЛАК

ПРЕДПОЧТЕНИЯ ЛИЛАНДА

Сейчас мало кому известно имя Генри Лиланда. А ведь он был основателем двух известнейших во всем мире автомобильных марок — «Кадиллак» и «Линкольн». Возможно, если бы он поступил, как и большинство — назвал бы компании своим именем, — ситуация была бы иной, но Лиланд при выборе названия отдал предпочтение историческим личностям — президенту США Линкольну и основателю города Детройта (автомобильного центра США) маркизу де Кадийяку.

В 1701 г. отряд французской армии под руководством Антуана де ла Мота Кадийяка высадился в Северной Америке. Основанное поселение было названо Виль д'Этруа (название переводится с французского как «поселок у пролива»). Но дело в том, что большинство населения в то время составляли выходцы из Англии, поэтому французские имена и названия они стали произносить на свой лад. Так французское название д'Этруа (d'Etroit) превратилось в «Детройт», а фамилия Кадийяк в Кадиллак.

ЛИЛАНД — «КАДИЛЛАК»

В 1902 г. Лиланда пригласили как консультанта по ликвидации автомобильной фирмы, но Лиланд предложил производство не закрывать, а наладить выпуск автомобилей

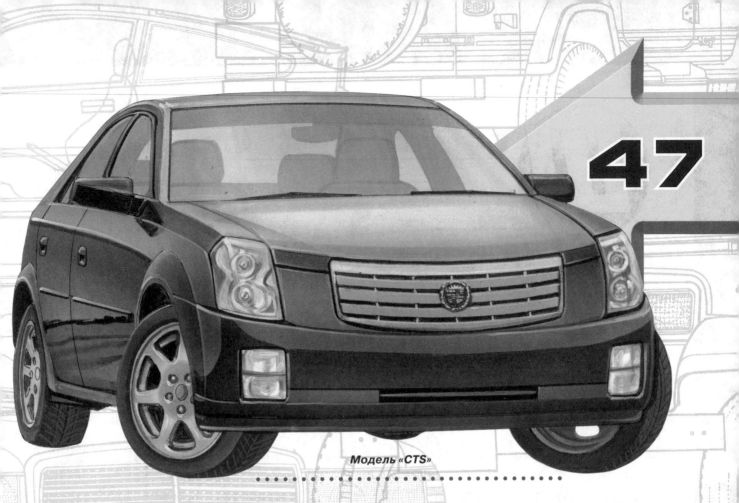

Модель «CTS»

высшего класса. Уже в этом же году появляется первый «Кадиллак». Сразу же началось и производство различных вариантов первой модели: трехместный автомобиль, четырехместный, полуспортивный. В июле 1909 г. «Кадиллак» вошел в состав «Дженерал Моторс», но Лиланд оставался управляющим до 1917 г. В 20-е гг. прошлого столетия «Кадиллак» полностью переходит на выпуск очень больших, очень дорогих и престижных моделей.

Этот двухдверный шестиместный кабриолет 1959 г. был стилизован под космический корабль. Максимальная скорость — 180 км/ч. Всего было произведено 11 130 штук

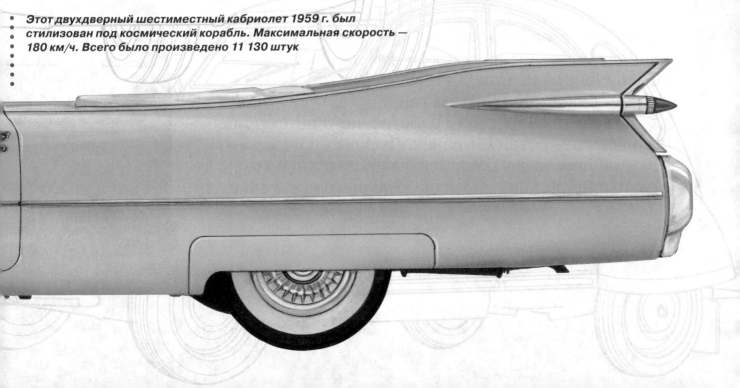

ШЕВРОЛЕ

«КОРВЕТ».
С 1984 г. «Корвет»
выпускается
в вариантах купе
и кабриолет

«ШЕВРОЛЕ»
И «ДЖЕНЕРАЛ МОТОРС»

«Шевроле» — отделение концерна «Дженерал Моторс». «Шевроле Мотор Кар» была организована в 1911 г. Уильямом Дюрантом, основателем «Дженерал Моторс», человеком с ярко выраженным предпринимательским талантом. Луи Шевроле, чье имя носят известные во всем мире автомобили, никогда не был владельцем компании. Шевроле родился в 1878 г. в Швейцарии в бедной семье, которая затем переехала во Францию. Закончив школу, Луи увлекся автогонками, причем проявил себя как успешный гонщик и как талантливый механик. Вскоре Луи Шевроле становится ведущим гонщиком компании «Морс». Позже он переезжает в Канаду, а спустя некоторое время обосновывается в Соединенных Штатах, где его и заметил Уильям Дюрант. Дюрант предлагает гонщику оставить спорт и заняться производством собственного автомобиля. Так появилась новая компания. Дюрант вложил немалые деньги, а у Шевроле было известное имя, все вместе предопределило успех будущего предприятия.

«ЭКСПРЕСС» — целое
семейство «вэнов»,
очень больших
и очень просторных.
Модель появилась
в 1996 г.

«МАЛИБУ». Этот автомобиль имеет иммобилайзер, который распознает владельца и на расстоянии включает зажигание и систему обогрева в холодное время года

ПЕРВАЯ «ШЕСТЕРКА»

Первая выпущенная модель «Классическая Шестерка» была представлена уже в 1912 г., тогда же появилась и «Маленькая Четверка», но цена на автомобили была слишком высока. «Форд Т» стоил в пять раз дешевле! Но уже в 1916 г. был создан «Шевроле 490» (индекс в названии означает первоначально заявленную производителем цену на эту модель). Этот автомобиль стал таким же популярным, как и машины Форда. Дюрант решил не выпускать шикарные модели, а сосредоточиться на создании недорогих и простых автомобилей. С тех пор многое изменилось, и к настоящему времени «Шевроле» успешно продает по всему миру полноприводные универсалы, автомобили среднего класса и класса «люкс», и даже пикапы.

C И Т Р О Е Н

«C5». Модель была представлена в октябре 2000 г. на автосалоне в Париже

ПРИЗНАНИЕ

«Ситроен», французская автомобильная компания, сейчас входит в корпорацию «Пежо». Штаб-квартира с 1982 г. находится в городке Нейи-сюр-Сен, недалеко от Парижа, хотя до этого 68 лет главный офис располагался в Париже на набережной Жавель. Марка «Ситроен» заслужила признание не только во Франции, но и во всем мире.

«C3». В 2002 г. «Ситроен» представил новейшую модель компактного седана

На решетке радиатора каждого автомобиля «Ситроен» — две перевернутые галочки. На самом деле это — стилизованное изображение зубьев шевронных шестерен. Шевронные шестерни отличаются от всех остальных тем, что работают бесшумно и эффективно. Андре Ситроен оформил патент и организовал производство шестерен, которое быстро принесло ему известность и благосостояние. В дальнейшем эти «зубья» стали для предпринимателя символом успеха, поэтому мы и видим их в качестве эмблемы на автомобилях марки «Ситроен».

Имя основателя компании Андре Ситроена занесено в «Зал автомобильной славы» в городе Диборне (США). Начиная с первого президента Франции генерала де Голля, многие президенты в официальных церемониях используют автомобили марки «Ситроен».

ЛЕГКОВЫЕ АВТОМОБИЛИ

«БЕРЛИНГО». В этом компактном автомобиле на удивление просторный салон. Даже человек очень высокого роста будет чувствовать себя свободно! А сдвижные двери упрощают посадку на тесных стоянках

АНДРЕ ГЮСТАВ СИТРОЕН

Андре Ситроен родился в 1878 г. в очень состоятельной семье, получил образование в Политехнической школе и некоторое время работал инженером в различных небольших фирмах. Во время Первой мировой войны Ситроен организовал завод по производству снарядов. Кроме того, он занимался снабжением Парижа углем, газом и продовольствием. После окончания войны перепрофилировал свое предприятие на выпуск автомобилей. Надо заметить, что, в отличие от большинства основателей автомобильных компаний, являвшихся, как правило, гениальными конструкторами, Андре Ситроен был гениальным организатором. Свои машины Ситроен начал строить гораздо позже «Рено» и «Пежо», но «Ситроен» быстро выдвигается в ряды крупнейших автомобильных компаний Франции именно за счет предпринимательского таланта своего основателя. Ситроен первым в Европе применил на своих заводах конвейерное производство, использовав идею выпуска недорогого и надежного авто, доступного для многих людей. Он провел грандиозную рекламную компанию, что сделало его машины известными не только во Франции, но и по всему миру.

«C2». Компактный трехдверный хетчбэк с трансформируемым салоном

АУДИ

Спортивный автомобиль «АУДИ ТТ» с кузовом купе впервые был представлен в Женеве в сентябре 1998 г., с кузовом родстер — в августе 1999 г. А прототип модели представляли на автосалоне во Франкфурте-на-Майне в 1995 г.

АВГУСТ ХОРЬХ

«Ауди», немецкая компания, выпускает легковые автомобили. Входит в концерн «Фольксваген». Штаб-квартира находится в Ингольдштадте. В 1899 г. талантливый изобретатель Август Хорьх основал в Мангейме фирму «Хорьх и Компания». Дела, правда, шли не очень хорошо, а неудача с производством нового мотора в 1909 г. чуть не привела фирму к банкротству. Компаньоны были

В 1932 г. четыре немецкие автомобильные компании объединились. ДКВ, «Вандерер», «Хорьх» и «Ауди» вошли в состав концерна «Ауто Юнион». Четыре кольца на эмблеме «Ауди» как раз и символизируют это слияние. В настоящее время «Ауди» является составной частью концерна «Фольксваген».

«ОЛЛРОД».
Модель внедорожника, впервые была представлена в феврале 2000 г.

ЛЕГКОВЫЕ АВТОМОБИЛИ

недовольны и изгнали основателя из его же
собственной фирмы. Но Хорьх сразу же открыл
новую фирму и назвал ее «Хорьх». Это не
понравилось бывшим компаньонам и они подали
на Хорьха в суд с требованием изменить название.
Согласно решению суда новое предприятие следовало
переименовать. Август Хорьх остановился на латинском
варианте (audi) немецкого слова «horch» — «слушай».
Так в 1909 г. появляется знаменитая торговая марка
и не менее знаменитая компания «Ауди».

Первый автомобиль «Ауди А»
был выпущен в 1910 г., а уже в
следующем году три машины «Ауди В»
участвовали в гонках в Австрийских
Альпах. В 1912 г. «Ауди С», самая
известная модель компании, показала
на гонках неплохие результаты, за что
в дальнейшем автомобили серии С
стали называть «покоритель Альп».

«RS6» был представлен сразу в двух
вариантах: седан и универсал. В этом
автомобиле есть все, о чем можно только
мечтать, включая жидкокристаллическую
панель навигации. Разгоняется до 100 км/ч
за 4,9 секунды!

«А4». По мнению
компании,
модель занимает
промежуточное
положение между
обычными
и спортивными
автомобилями

53

МЕРСЕДЕС

«CLS-КЛАСС».
Мощные,
динамичные
автомобили,
оригинальные
по конструкции
и дизайну

СТО ЛЕТ ЛИДЕРСТВА

«Мерседес-Бенц» — немецкая
компания по выпуску автомобилей
концерна «Даймлер-Бенц», который
в свою очередь в 1998 г. соединился
с «Крайслер Корпорейшн». Выпуская
высококачественные автомобили
и двигатели, концерн со знаменитой
эмблемой в виде трехлучевой
звезды вот уже столетие сохраняет
ведущее положение в мировом
автомобилестроении. Марку
автомобиля «Мерседес-Бенц»
сегодня знают и уважают
все автомобилисты мира.

ИСТОРИЯ

В 1883 г. Карл Бенц основал фирму
«Бенц и Kº. Райнише Газмоторен-
Фабрик, Мангейм», а в 1890 г.
в Штутгарте (Германия) открывается
компания «Даймлер-Моторен-
Гезельшафт», где два талантливых
инженера — Даймлер и Майбах —
разрабатывают двигатель,
который затем будет установлен
на автомобилях, судах и аэропланах.

«Е-КЛАСС».
Семейство настолько
разнообразно, что каждый
найдет автомобиль
по своему вкусу

«300SL».
Мировая премьера этого автомобиля с дверями типа «крыло чайки» состоялась в 1955 г.

Предприятие Карла Бенца также занимается созданием двигателей и выпуском автомобилей. В июне 1926 г. две компании объединяются в «Даймлер-Бенц», а уже в октябре представляют на Берлинском автосалоне сразу две новые модели автомобилей. После объединения автомобили, произведенные компанией, стали называться «Мерседес-Бенц». Во время Второй мировой войны большая часть заводов компании была разрушена при бомбежках, но восстановление прошло довольно быстро, и уже в первые послевоенные годы возобновляется производство старых моделей, а вскоре появляются и совершенно новые разработки. В 1962 г. автомобиль модели «220SE» сходит с конвейера как миллионный автомобиль «Мерседес-Бенц», произведенный после войны.

О появлении эмблемы фирмы существуют две версии. Первая: три луча обозначают имена трех людей, причастных к появлению «Мерседеса», — Майбаха, Даймлера и Еллинека. По второй версии фирменная эмблема концерна трактуется как обозначение трех стихий, в которых работают его двигатели, — воздух, вода и суша, поскольку, помимо машин, компания занималась производством судовых и авиационных двигателей. Когда в 1926 г. произошло слияние компаний «Даймлер» и «Бенц», звезда была вписана в кольцо с лавровым венком (дань прошлым победам машин «Бенц» на гонках).

«SL-КЛАСС».
Безопасный, комфортный и очень надежный автомобиль

Д О Д Ж

О КОМПАНИИ

«Додж» — американская автомобильная компания. В настоящее время отделение корпорации «Крайслер». Компания имеет давнюю историю. Дед и отец братьев Додж были совладельцами литейного производства, поэтому Хорас и Джон с юности помогали взрослым в семейном бизнесе. Накопив достаточно денег, братья, всегда проявлявшие явные технические способности, перебираются в Детройт (будущий автомобилестроительный центр Америки) и открывают мастерскую. Вскоре они получают крупный заказ на производство моторов для «Форда». В 1913 г. братья Додж основывают собственную компанию и решают разработать свой автомобиль, хотя производство двигателей и комплектующих для двух крупнейших американских автомобилестроительных компаний — «Форд» и «Олдс Мотор Компани» — не прекращают.

«ДОДЖ КАСТОМ РОЙЯЛ ЛАНСЕР», 1959 г.

«Кастом Ройял Лансер», 1959 г. Варианты кузова — две или четыре двери. Считается лучшим автомобилем, производимым «Додж» в то время. Всего было выпущено 11 297 штук. Двигатели к этой модели предлагались на выбор вплоть до моторов с огромной мощностью — от 138 до 345 л. с. Максимальная скорость 145—193 км/ч (в зависимости от установленного типа двигателя). Как и всякий большой автомобиль, «Кастом Ройял» расходовал много топлива — 16,7—23,8 л на 100 км.

ЛЕГКОВЫЕ АВТОМОБИЛИ

14 НОЯБРЯ 1914 Г.

Времена менялись, и покупатели немного устали от однообразия фордовской продукции. Многим хотелось иметь что-то поинтереснее. Братья Додж решили делать свой автомобиль в расчете на более требовательных покупателей. Первый автомобиль представили 14 ноября 1914 г. Он был в полтора раза дороже знаменитой модели «Т» Форда, но получился крепким и надежным, имел двигатель в 35 л. с. (у «Форда Т» было 22 л. с.). Хорас Додж придумал множество усовершенствований: промышленное обжигание окрашенной поверхности, полностью металлический корпус, в конструкции были предусмотрены также электрический стартер и трехскоростная коробка передач. В 1915 г. было продано более 45 тысяч автомобилей, несущих марку «Додж», а в 1916 г. — уже более 70 тысяч. Случилось так, что оба брата в 1920 г. умирают. В 1928 г. компания братьев «Додж» вошла в состав корпорации «Крайслер», сохранив торговую марку «Додж».

«ДОДЖ-ВАЙПЕР». Прототип этой модели был показан на Международном автосалоне в Детройте в 1989 г.

ЛЕКСУС

В КОРПОРАЦИИ «ТОЙОТА»

«IS 200». Осенью 1998 г. состоялся первый показ модели, а весной 1999 г. автомобиль уже появился в продаже на европейском и американском рынках

Сегодня мало кому известно, что знаменитый автомобиль «Лексус» родился в корпорации «Тойота». Во всем мире у японских автомобилей прочно сложился имидж автомобилей массовых и недорогих, «Тойота» решила изменить ситуацию. Для того чтобы попасть на зарубежный рынок престижных авто, необходимо новое имя, новая марка, не связанная с названием «Тойота». Японцы всегда и все делают последовательно и тщательно. В 1985 г. корпорация

изучила американский и европейский рынки и уровень продаж на этих рынках конкурирующих моделей. Предположительных покупателей, которые могли бы пересесть на японский автомобиль, оказалось достаточно, но при условии, что новый автомобиль будет опережать конкурентов по таким показателям, как уровень безопасности, ходовые качества и, конечно, дизайн.

Самые первые «Лексусы», как и планировали их создатели, внешне не были похожи на японские автомобили. Их делали, ориентируясь прежде всего на вкусы американских покупателей. Дизайн кузова первых «Лексусов» создавали итальянские дизайнеры. Так, «Лексус GS300» — детище знаменитого Джорджо Джуджаро, человека, определившего внешний вид целого ряда моделей самых известных марок. С 1998 г. в его студии дизайна, находящейся в Италии, в городе Турине, «родилось» около семидесяти серийных автомобилей.

«SC 430». Заднеприводное купе со складной жесткой крышей с электроприводом. Разгон до 100 км/ч за 7 секунд

МИРОВОЕ ПРИЗНАНИЕ

В июле 1985 г. первый автомобиль с новым именем «Лексус» модели «LS 400» сошел с конвейера автозавода. С мая 1986 г. он проходил долгое и подробное тестирование, и лишь в январе 1989 г. был представлен на автосалонах в Детройте и Лос-Анджелесе. С сентября 1989 г. после рекламной кампании начались продажи этого мощного и одновременно экономичного автомобиля в США. А уже в феврале 1990 г. американская пресса назвала роскошный седан «Лексус LS 400» лучшим импортированным в США автомобилем. В мае 1991 г. началось серийное производство «Лексуса SC 400», летом того же года был показан пятиместный седан «Лексус ES 300». В январе 1993 г. состоялась премьера «Лексуса GS 300». К настоящему времени компания имеет довольно обширный ряд моделей, в том числе и целое семейство роскошных полноприводных авто, сочетающих в себе качества представительского автомобиля с достоинствами внедорожника. Сегодня марка «Лексус» завоевала признание не только в США, но и во всем мире.

«GS 430». Эта модель комплектуется суперсовременной системой опознавания владельца: чтобы открыть автомобиль, достаточно хозяину лишь прикоснуться к ручке двери

КРАЙСЛЕР

ОТ РАБОЧЕГО ДО ВИЦЕ-ПРЕЗИДЕНТА

«Крайслер Корпорейшн» — американская компания, основана в 1924 г. В 1998 г. состоялось слияние с «Даймлер-Бенц», новая компания стала называться «Даймлер-Крайслер». Свою книгу воспоминаний основатель компании назвал «Жизнь американского рабочего», и это не случайно. Уолтер Перси

«C 300». Этот заднеприводной автомобиль имеет самый большой и удобный салон в своем классе

«КРОССФАЕР». Компактное спортивное двухместное купе

Крайслер начал свою трудовую деятельность простым рабочим — он работал механиком на железной дороге, потом стал управляющим. В 1912 г. Крайслер перешел в фирму «Бьюик», а уже в 1916 г. возглавил ее. «Бьюик» входила в состав «Дженерал Моторс», и еще через три года Крайслер становится вице-президентом всего концерна.

«Нью-Йоркер». Этот шикарный и безумно дорогой для своего времени (1957) автомобиль — один из самых красивых автомобилей, когда-либо выпущенных фирмой «Крайслер». Произведено было 34 620 машин со всеми типами кузовов. Максимальная скорость 185 км/ч

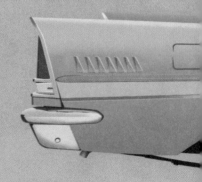

«РТ КРУЗЕР». Выпускается и с кузовом кабриолет

СОБСТВЕННЫЙ АВТОМОБИЛЬ

Все эти годы Крайслера не покидала мысль о создании собственного автомобиля, ему хотелось применить весь свой опыт и использовать новые идеи технического совершенствования конструкции автомобиля.

Он приглашает к сотрудничеству трех талантливых инженеров — Зедера, Скелтона и Бреера. В 1924 г. мечта Уолтера Крайслера воплощается в жизнь — первый автомобиль «Крайслер 70» поступил в продажу и имел необыкновенный успех в США. Автомобили отлично раскупались — в первый год было продано 32 тысячи машин, а сама компания, купив в 1928 г. фирму «Додж», вошла в число ведущих автомобильных компаний Америки. Уолтер Крайслер стал одним из крупнейших промышленников своего времени. На настоящий момент «Крайслер» является третьим среди производителей американских автомобилей, уступая «Форду» и «Дженерал Моторс».

«НЬЮ-ЙОРКЕР»,
1957 г. Четырехдверный
шестиместный автомобиль

МАЙБАХ

МАРКА «МАЙБАХ»

Вильгельм Майбах работал главным конструктором в компании «Даймлер-Моторен-Гезельшафт», где под его руководством был создан первый «Мерседес». Позже Майбах основывает свою фирму и вместе с сыном Карлом, тоже талантливым инженером, строит моторы для дирижаблей, двигатели для автобусов и специальных автомобилей. Осенью 1921 г. на Берлинском автосалоне компания представляет автомобиль «Майбах W3» — первый немецкий автомобиль, все колеса которого были оснащены тормозами. С 1922 по 1939 г. выпускаются большие роскошные автомобили марки «Майбах». Как самостоятельная марка «Майбах» перестала существовать в 1961 г.

В 1929 г. дирижабль «Граф Цеппелин» облетел вокруг света. На дирижабле было установлено пять мощных моторов «Майбах», безупречно работавших весь полет. Вдохновленный этим успехом, Карл Майбах начинает проектирование собственной модели автомобиля. Так появился знаменитый «Цеппелин». Тому, кто хотел управлять этой машиной, необходимо было иметь права водителя грузовика (по немецким законам 30-х гг. прошлого века легковыми считались авто массой до 2,5 т, а масса «Цеппелина» составляла более 3 т). Впрочем, большинство владельцев автомобиля пользовались услугами шофера. В 1930-е гг. было выпущено несколько модификаций этой модели (даже с кузовом лимузин).

«МАЙБАХ 57»

ОЖИВШАЯ ЛЕГЕНДА

Сейчас «Майбах» — немецкая автомобильная компания, входящая в концерн «Даймлер-Крайслер», который и решил возродить эту некогда знаменитую марку. Новое творение с эмблемой «Майбах» существует в двух вариантах исполнения — стандартный «Майбах 57», длиной 5,73 м и удлиненный до 6,17 м «Майбах 62». Производством занимаются заводы в Германии и США. Автомобиль бесподобен — роскошные формы, безупречные ходовые качества, комфортабельность — к «Майбаху» вернулась былая слава.

Пассажиры в салоне «Майбаха» могут полностью наслаждаться поездкой. Расстояние от спинок задних сидений до спинок передних составляет 1,57 м , поэтому в стекло задней двери можно смотреть словно в огромный телеэкран. Ощущения восприятия скорости практически полностью отсутствуют, даже если на спидометре за 200 км/ч

«МАЙБАХ 62». Цифры индекса (57,62) указывают на округленную габаритную длину модели — 5730 и 6170 см

Б М В

«CS1». Четырехместный кабриолет, небольшой, но мощный и динамичный автомобиль

ИСТОРИЯ КОМПАНИИ

«Байерише Моторен Верке» — Баварские моторные заводы (БМВ) — немецкая автомобильная компания; выпускает мотоциклы, легковые и спортивные автомобили, внедорожники. Компании принадлежат несколько заводов в Германии и более двадцати предприятий по всему миру. БМВ — одна из немногих современных автомобилестроительных компаний, не использующих на своих заводах робототехнику. Вся сборка на конвейере осуществляется вручную. Сойдя с конвейера, автомобиль обязательно проходит компьютерную диагностику. В Мюнхене открыт Исследовательский инженерный центр, занимающийся перспективными разработками для компании, также БМВ имеет несколько собственных испытательных полигонов.

«5 СЕРИЯ». Автомобили бизнес-класса. Первое поколение седанов этой серии появилось в 1972 г.

«7 СЕРИЯ». Автомобили представительского класса. Первое поколение увидело свет в 1977 г.

«Z СЕРИЯ». «Z4» пришел на смену «Z3». Красивый, достаточно дорогой и максимально безопасный родстер

Несколько лет компания выпускала только авиамоторы, созданные Максом Фрицем. Эти моторы устанавливали на знаменитых «Фоккерах», в 1920-х гг. на «юнкерсах», а с 1943 г. на «мессершмитах». Большинство советских рекордных перелетов в 1930-е гг. были совершены на самолетах с двигателями БМВ. Уже в 90-е гг. XX в. после многолетнего перерыва совместное предприятие «БМВ — Роллс-Ройс Gmbh» вновь занялось разработкой двигателей для нового поколения самолетов.

История БМВ начинается незадолго до Первой мировой войны (1914). В 1913 г. Густав Отто открывает в городе Мюнхене небольшую фирму по производству авиамоторов. В этот же год и в том же городе возникла еще одна авиамоторная компания, принадлежавшая Карлу Раппу. Начавшаяся война принесла огромные заказы на двигатели, и предприниматели решили свои фирмы объединить. В 1916 г. произошло слияние, а в 1917 г. компания получила свое современное название. В этом же году на работу в БМВ приглашают талантливого конструктора Макса Фрица, и в этом же году появляется эмблема БМВ — стилизованное изображение лопасти пропеллера. На самолетах с двигателями БМВ было установлено множество рекордов по высоте и дальности полетов, что принесло компании известность во всем мире. Поражение Германии в Первой мировой войне отразилось и на БМВ — компании было запрещено выпускать авиамоторы. Поэтому в 1923 г. БМВ переходит на производство мотоциклов. Первый «R32» устанавливает сразу несколько рекордов скорости на международных мотогонках. В 1928 г. компания приобретает один из старейших автомобильных заводов в городе Айзенахе, основанный еще в 1898 г. Генрихом Эрхардтом. На заводе собирали автомобиль «Дикси», поэтому именно «Дикси 3/15PS», по сути, и стал первым автомобилем БМВ. После Второй мировой войны компания опять возвращается к производству мотоциклов, и лишь с 1956 г. автомобиль вновь занимает лидирующие позиции в производстве фирмы.

МИНИ

«МИНИ КУПЕР».
Модель «Мини Купер»
очень популярна с
кузовом кабриолет

ВЫЗЫВАЕТ УЛЫБКУ

Невозможно обойти вниманием такой автомобиль, как «Мини», тем более что сейчас марка возрождена и набирает все большую популярность. Этот автомобиль не заметить нельзя. Даже в самом плотном потоке машин маленький автомобильчик необычного дизайна, окрашенный в два контрастных цвета, всегда привлекает всеобщее внимание и неизменно вызывает улыбку. А вот со снисходительной улыбкой лучше не спешить. Эта «малютка» — быстрый, комфортный, экономичный автомобиль, отвечающий всем современным требованиям по безопасности и техническому оснащению.

«МИНИ КУПЕР S». Спортивная
модификация популярной модели
в новом облике

«Мини» — один из немногих автомобилей, к которому существует «фирменный» тюнинг-комплект, всего за один день превращающий серийное авто в автомобиль-ракету. После тюнинга «Мини Купер» развивает скорость до 204 км/ч. Мастерская Джона Купера, которую теперь возглавляет его сын Майкл, получила от БМК статус официальной тюнинговой компании. В мастерской Майкл готовит и автомобили для любительских гонок, которые он учредил в память своего знаменитого отца. Любой желающий может купить такой автомобиль и принять участие в гонках «Джон Купер Челендж», которые год за годом завоевывают все больше поклонников, как и сам автомобиль «Мини».

ИСТОРИЯ «МИНИ»

Поскольку в Великобритании не существовало доступного компактного автомобиля, то «Бритиш Мотор Корпорейшн» в 1955 г. решила восполнить это упущение. Руководство всеми работами было поручено молодому инженеру Алеку Иссигонису. Первые «Мини» сошли с конвейера в 1959 г., но сразу же возникла необходимость в некоторых конструктивных доработках. Дело в том, что маленький и легкий автомобильчик получился очень быстрым — пришлось уменьшить рабочий объем двигателя. Продажи в первый год производителя тоже не порадовали — было реализовано только 20 тысяч автомобилей, несмотря на невысокую их стоимость. Но уже на следующий год начинается поистине триумфальное шествие «Мини» по Европе. Конструктор «Формулы-1» Джон Купер был восхищен надежностью и прекрасной управляемостью «Мини» и решил создать спортивную версию — так появилась знаменитая модель «Мини Купер». Эта машина (модификация «Мини Купер S») становится в середине 1960-х гг. настоящей легендой автоспорта. В 1970-е гг. «Мини» — уже самый продаваемый автомобиль Европы! В 2000 г. производство старых моделей заканчивается. Но в 2001 г. выпускается совершенно новый «Мини». В новом автомобиле удалось сохранить индивидуальность и неповторимость всемирно известной марки.

Салон «МИНИ» рассчитан на четырех человек. Правда, поклонники автомобиля недавно установили своеобразный рекорд, продемонстрировав вместительность салона, — за 10 минут в машине разместилось двадцать человек!

Новый «МИНИ» — достойный наследник знаменитой марки

НИССАН

ПО ВСЕМУ МИРУ

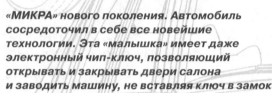

«МИКРА» нового поколения. Автомобиль сосредоточил в себе все новейшие технологии. Эта «малышка» имеет даже электронный чип-ключ, позволяющий открывать и закрывать двери салона и заводить машину, не вставляя ключ в замок

«Ниссан Мотор Компани ЛТД» — одна из крупнейших японских корпораций, выпускающая легковые автомобили, грузовики и автобусы под марками «Ниссан» и «Датсун», а также спортивное и промышленное оборудование, спутники связи и многое другое. Дочерние предприятия корпорации расположены по всему миру — в Европе, Соединенных Штатах, в Латинской Америке, даже в Австралии, подписано соглашение и о сотрудничестве с Китаем. В 1998 г. около 40% акций «Ниссан» приобретает «Рено». А началось все в далеком 1909 г. Молодой инженер Масухиро Хасимото вернулся в Японию из США, где он учился в университете. На родине он открывает фирму по продаже импортных автомобилей. Но его не оставляет идея разработки автомобиля собственной конструкции. Финансировали проект три предпринимателя: Кенхиро Ден, Рокуро Аойама и Мейтаро Такеуши. По первым буквам их фамилий и был назван появившийся

«АЛМЕРА». Новый вариант классической модели

ЛЕГКОВЫЕ АВТОМОБИЛИ

в 1914 г. автомобиль «Дат», впрочем, слово «дат» на японском означает «проворный». Автомобиль получился очень маленький и развивал скорость 30 км/ч. В 1925 г. компания стала называться «Дат Моторс», а через год произошло ее слияние с «Итсуо Моторс», производившей трехколесные машинки (на компанию работал американский инженер Вильям Горхам) и обладавшей очень современным для того времени автомобильным заводом. Новая компания в 1934 г. представила и новый автомобиль «Датсун». После очередного слияния в 1934 г. было зарегистрировано название «Ниссан Мотор Компани ЛТД», а компанию возглавил Йошисуке Айкава, взявший курс на производство в Японии небольших и недорогих автомобилей, которые смогли бы составить конкуренцию американским машинам.

«МАКСИМА». Второе поколение седанов E-класса впервые было представлено на Женевском автосалоне в 2000 г.

Во время Второй мировой войны легковые автомобили не выпускались, все мощности работали на военные нужды, производство возобновили лишь в 1947 г., заключив соглашение с английской «Остин Мотор Компани». В 1960 г. «Ниссан» открывает отделение в США, и автомобили этой марки постепенно завоевывают сначала Америку, потом Европу, а позже и весь мир.

«ПРИМЕРА». Обновленная версия популярной модели D-класса. Выпускается в трех вариантах кузова: седан, хетчбэк, универсал

PRIMERA

МИЦУБИСИ

ИМПЕРИЯ ИВАСАКИ

«Мицубиси» — одна из крупнейших японских корпораций. Была основана в 1873 г. Ятаро Ивасаки. При жизни основателя автомобили не выпускались, но талантливому предпринимателю Ивасаки удалось создать такую мощную организацию, что время и происходившие позже события не смогли разрушить «империю». Автомобили «Мицубиси» начала производить в 1917 г. Первой была «Модель А». В 1924 г. сделали первый грузовик. В 1946 г., уже после окончания Второй мировой войны, компания представила небольшой трехколесный автомобиль и мотороллер. Массовое серийное производство легковых автомобилей начинается с 1960 г. с седана «Мицубиси 500».

«СПЕЙС ВАГОН». Новое поколение этой модели было представлено в Токио в 1997 г., а в Европе — в 1998 г.

«ЛАНСЕР». Надежный просторный автомобиль класса С, в 2005 г. в России стал «Автомобилем года»

Ятаро Ивасаки родился в 1834 г. Его семья принадлежала к небольшому самурайскому клану, поэтому мальчик получил неплохое образование. В 1859 г. он поступает на службу и через некоторое время становится довольно крупным чиновником.

«ГАЛАНТ». В 1984 г. модель завоевала приз Германии «Золотой руль» как самый популярный автомобиль

Прекрасно изучив за 12 лет все тонкости своей работы, Ятаро Ивасаки решает открыть собственное предприятие. Став владельцем двух пароходов, он занимается морскими перевозками и ремонтом судов. В это время несколько крупнейших компаний объединяются в предприятие под названием «Пароходная компания», что создает для фирмы Ятаро «Мицубиси сёкай» сильную конкуренцию,

Слово «мицубиси» переводится как «три бриллианта». Эмблему создал сам Ятаро Ивасаки. Три бриллианта символизируют три принципа работы компании: ответственность, честность и открытость для сотрудничества. За основу изображения он взял символы (три листа водяного каштана и три листа дуба) двух самурайских кланов — Ивасаки и клана Тоса, в свое время оказавшего значительную поддержку Ятаро Ивасаки. Эта эмблема впервые появилась на флагах кораблей компании.

«КАРИЗМА». Эта модель появилась в 1995 г. в результате сотрудничества с «Вольво»

но находчивый предприниматель оказывает неоценимую услугу правительству страны и в благодарность получает под свой контроль несколько грузовых судов. Таким образом компания становится крупнейшей в стране. В январе 1885 г. «Мицубиси» в результате некоторых политических событий вынуждена пойти на слияние с компанией своих конкурентов. Вскоре после этого Ятаро Ивасаки умирает,

и владельцем «Мицубиси» становится его брат Яносуки: компания к тому времени уже владеет не только судами, но и судостроительными верфями, самолетостроительными предприятиями, заводами по химическому производству, недвижимостью по всей стране, занимается добычей полезных ископаемых.

МАЗДА

Спортивные достижения компании не столь внушительны, как у других, но есть и свои успехи. В 1987 г. на 24-часовых гонках в Ле-Мане гоночный болид «Мазда 757» занимает лишь 7-е место, но уже в следующем, 1988 г. «Мазда 787B» становится первым японским автомобилем, победившим в этой гонке.

ПРОБКОВОЕ ДЕРЕВО И... АВТОМОБИЛЬ

«Мазда Моторс» — японская компания, выпускающая легковые автомобили, грузовики, автобусы и микроавтобусы. Главный офис находится в городе Хиросиме. Компания была основана в 1920 г. Джуджиро Мацудо (1875—1952). Мацудо родился в многодетной семье рыбака. Его первым успешным бизнесом стало предприятие по выпуску стройматериалов из пробкового дерева. Называлось предприятие «Тоё корк когё», где слово «корк» и означает «пробка». Вскоре компания начинает выпуск

«МАЗДА 2». Эта модель появилась в результате сотрудничества с компанией «Форд Моторс». Удобный, компактный городской автомобиль с просторным салоном и великолепной отделкой. Выпускается и в модификации «Спорт»

металлообрабатывающих станков и мотоциклов, а ее название сокращается до «Тоё когё». В 1931 г. выпущен первый грузовик под торговой маркой «Мазда». Первый легковой автомобиль появился лишь в 1960 г. — это малолитражная модель «R 360», в 1962 г. выпускается конструктивно улучшенная версия, названная «Ка́рол». К 1965 г. компания выходит на 3-е место среди

«МАЗДА 6». Обновленная версия выпускается в 3 типах кузова: седан, хетчбэк и универсал

Во Второй мировой войне Япония участвовала на стороне Германии, являясь противником СССР, Англии и США. В 1945 г. своим объектом для испытания ядерного оружия США выбрали два японских города — Хиросиму и Нагасаки. В Хиросиме находились заводы «Тоё когё», оказавшиеся всего в 3 км от эпицентра взрыва. В результате бомбежки почти половина производства была уничтожена, но уже за несколько месяцев все удалось восстановить. В декабре 1945 г. заводы уже работали.

японских производителей. Красивые и недорогие машины пользуются успехом и за пределами страны — в Европе и США. В 1979 г. часть акций компании приобретает «Форд». В 1984 г. фирму переименовывают в «Мазда Моторс Корпорейшн». «Мазда» — одна из ведущих компаний в мире, уделяющая большое внимание экологичности выпускаемых автомобилей.

«МАЗДА 6 MPS». Модель пришла на смену 626-й модели. Концепт был представлен еще в 2002 г. на автосалоне в Париже

РЕНО

«КАНГУ». Комфортабельный, очень вместительный автомобиль. Прекрасно подходит для путешествий и перевозки грузов

БРАТЬЯ РЕНО

Основатели ныне крупнейшей автомобильной компании Франции — братья Рено — Луи, Марсель и Фернан. Луи (1877—1944) с самого раннего детства увлекался техникой и уже с 13 лет работал в мастерской, где собирали паровые автомобили.

«СЦЕНИК». Эта компактная модель существует и в полноприводной версии. Предусмотрено десять вариантов моделирования салона

Для императора Николая II, имеющего в своем распоряжении около 60 автомобилей, в том числе и несколько «Роллс-Ройсов», компанией были специально изготовлены два автомобиля, один из которых с кузовом ландоле. На этой машине позже ездил и первый руководитель Советского государства В. И. Ленин; закуплены были для Москвы и такси фирмы «Рено».

Там он получил и свои первые технические навыки, и первый опыт работы. После возвращения из армии Луи покупает автомобиль и с увлечением занимается его модернизацией. Этот автомобиль можно считать первой моделью «Рено». Конструктор применил свое изобретение — коробку передач, в которой крутящий момент на задние колеса передавался не цепями, а валом с особыми шарнирами. Этот принцип передачи остается неизменным до сих пор у всех заднеприводных автомобилей.

ЛЕГКОВЫЕ АВТОМОБИЛИ

«ЛАГУНА». Безопасности своих автомобилей «Рено» уделяет повышенное внимание. В салоне установлены системы контроля, которые в неблагоприятных ситуациях защищают всех пассажиров

«МЕГАН». *Выпускается с кузовом седан и хетчбэк. Расход топлива для такого автомобиля невелик — от 6,7 до 8 л на 100 км*

В 1889 г. фирма регистрируется под названием «Братья Рено». Увлекшись гонками, Луи и Марсель уделяют большое внимание созданию спортивных моделей. В 1903 г. на соревнованиях погибает Марсель, Луи решает оставить спорт и полностью посвятить себя делам компании. До Первой мировой войны «Рено» выпустила несколько моделей легковых автомобилей с различными кузовами, автобус собственной конструкции и даже автомобили-такси. Во время Второй мировой войны «Рено» производит оборудование и вооружение для судов. Поскольку Франция была оккупирована немецкими войсками, то многие города подверглись бомбардировке, были разрушены

и заводы «Рено». В 1944 г. Луи Рено не стало, а в 1945 г. компания перешла под контроль государства. Сейчас «Рено» — крупнейшая французская государственная компания. Выпускает легковые и грузовые автомобили.

«МЕГАН СС». *Модель была представлена на автосалоне в Женеве. У автомобиля складная стеклянная крыша. По результатам краш-тестов автомобиль получил высшую оценку — пять звезд — за безопасность при фронтальном столкновении*

СААБ

«СААБ 9-3». Машина соответствует всем стандартам безопасности. Как и все модели, снабжена безупречно и быстро работающей системой климат-контроля, что для Швеции, страны северной, как и для России, очень важно

НАДЕЖНОСТЬ

«Сааб» — шведская компания, выпускающая легковые автомобили, а с 1968 г. и грузовики под маркой «Скания». В 1985 г. 50% акций «Сааб» приобретает «Дженерал Моторс». Компания «Сааб» имеет не столь давнюю историю, как большинство европейских марок, но название «Сааб» для автомобилистов во всем мире означает всегда надежность, безопасность и… непохожесть на другие машины ни внешним обликом, ни дизайном салона, ни техническими характеристиками.

«Сааб» славится тем, что уделяет большое внимание не только скорости и маневренности своих автомобилей, но и их безопасности. В этом с «Сааб» может конкурировать только компания «Вольво». В процессе создания машины проводится не менее 70 краш-тестов — различных испытаний, в ходе которых выявляются все слабые места в конструкции автомобиля.

ЛЕГКОВЫЕ АВТОМОБИЛИ

«СААБ 9000». Модель была представлена в 1984 г., и сразу же появилась модификация «9000 Турбо»

«СААБ 9-5». Уровень
комфортности и оснащенности
этого автомобиля — на самом
высоком уровне, в сиденья даже
встроены микровентиляторы,
проветривающие кожаную обивку

ИСТОРИЯ «СААБ»

В 1937 г. в Швеции было создано
предприятие, занимающееся
разработкой и производством военных
самолетов. Вскоре начинается и
Вторая мировая война — время, когда
все европейские заводы выпускали
только военную технику. К разработке
автомобилей в «Сааб» приступили
только после войны. Работы возглавил
авиаинженер Гунар Лунгстрем. Первый
опытный образец появился уже в
1946 г. — «Сааб 92-001». Через три года
в производство запускают новые
модели. Это спортивные машины
«Сааб Стандарт» и модель
«92 де Люкс». В 1956 г. компания
представляет «Сааб Сонет» —
открытый двухместный автомобиль.
В 1959 г. появляется «Сааб 95», а в
1960 г. — «Сааб 96». «Сааб 96» три года
подряд побеждал на британском этапе
чемпионата мира и два года был
первым на ралли в Монте-Карло.

При разработке модели «99»
компания главной своей задачей
определила обеспечение
безопасности и комфортности
водителя и пассажиров в салоне
автомобиля. Машину оборудовали
даже сиденьями с автоматическим
подогревом, не говоря уже
о технических новшествах:
самовосстанавливающихся
бамперах, стеклоочистителях
на фарах, специальных
ударопрочных дверных балках.
В 1976 г. выпускается миллионный
автомобиль «Сааб». Компания
довольно успешно расширяет свой
модельный ряд и завоевывает
рынок. В 1997 г. выпускаются сразу
две модели — «9-3» и «9-5», а чуть
позже и их модификации, в том
числе и «Спорт Седан».

ШКОДА

ОТ ВЕЛОСИПЕДА

«Шкода» — всемирно известная чешская компания по производству автомобилей. История «Шкоды» — это история компании «Лаурин и Клемент» и завода «Шкода». В 1895 г. в небольшом городке Млада-Болеслав открылось предприятие по выпуску и ремонту велосипедов. Его владельцами были Вацлав Лаурин и Вацлав Клемент. Оба они увлекались велоспортом, что и побудило их к созданию велосипеда собственной конструкции, — более надежного, чем предлагали другие производители. Эта идея была с успехом реализована. Велосипеды «Славия» быстро завоевали популярность. В 1998 г. компания начинает выпуск мотоциклов, а в 1905 г. уже представляет и свой первый автомобиль, который в этом же году побеждает на гонках в Австрии. В 1925 г. происходит слияние компании

«СУПЕРБ». Впервые модель была
представлена в 1934 г.
и с тех пор претерпела множество
коренных изменений. Новый седан
«Суперб» — самый большой
и комфортабельный автомобиль
из всех выпускаемых фирмой
в настоящее время

со «Шкодой». Эмиль Шкода (1839—1900) родился в семье известного врача, учился в Германии. В 35 лет он приобретает литейное и машиностроительное производство в городе Пльзень и успешно превращает его в один из крупнейших заводов Чехии по выпуску самой разнообразной продукции: пивоварен и сахарных мельниц, паровых моторов и котлов, оборудования для шахт и железных дорог. После слияния на автомобильном заводе в городе Млада-Болеславе монтируют сборочную линию, что позволяет вместо 25 собирать 95 машин в день. В 1936 г. появляется модель «Популяр», которая выигрывает ралли в Монте-Карло, а на смену ей приходят «Фаворит» и «Октавия». С 1991 г. «Шкода» стала частью концерна «Фольксваген».

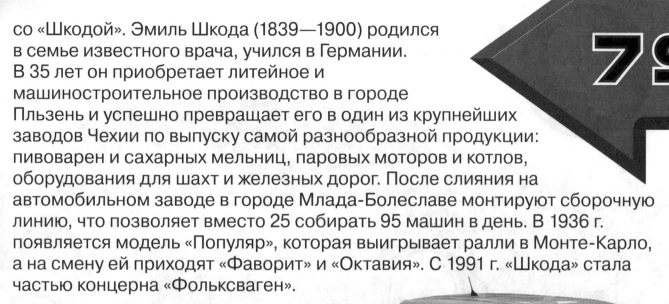

В 1994 г. на модели «Фелиция» появилась обновленная версия эмблемы «Шкода» (эмблема была зарегистрирована в 1923 г.). Знаменитая крылатая стрела из синей превращается в зеленую, добавляется и лавровый венок, как символ успеха компании. Стрела впервые появилась на локомотивах, выпускаемых «Шкодой», а вот крылья — вовсе и не крылья. Это стилизованное изображение индейца в головном уборе из перьев. Рассказывают, что в путешествии по Америке Эмиля Шкоду сопровождал индеец, изображение которого и стало символизировать мужество, силу и стремление к свободе.

«ФАБИЯ КОМФОРТ». Современная модификация модели «Фабия», появившаяся в 1999 г. Популярностью пользуются и седан «Фабия», и компактный «Фабия Комби»

РОЛЛС-РОЙС

«РОЛЛС-РОЙС ФАНТОМ» —
величественный и очень дорогой автомобиль

СТО ЛЕТ УСПЕХА

На эмблеме этой автомобильной марки две переплетенные буквы «R». Эта буква — первая в фамилиях основателей компании — Чарльза Роллса и Генри Ройса, историческая встреча которых произошла 4 мая 1904 г. в городе Манчестере (Велико-британия). В 2004 г. в Англии и в США (где с 1921 г. находится один из крупнейших заводов компании) праздновали столетие знаменитой марки. В торжественном параде приняли участие более ста лимузинов различных годов выпуска.

Секретарь королевского автоклуба Клод Джонс решил испытать «Серебряный призрак». Он устроил пробег на 15 тысяч миль (24 тыс. км). Огромное по тем временам расстояние автомобиль преодолел с единственной неисправностью — вышел из строя топливный краник. Ремонт обошелся всего в 2 фунта!

ЛЕГКОВЫЕ АВТОМОБИЛИ

В 1904 г. Роллс и Ройс познакомились и образовали компанию, которая уже через два года начала выпускать один из лучших автомобилей в мире. К моменту встречи Фредерик Генри Ройс уже являлся владельцем фирмы «Ройс» и автомобиля собственной конструкции. Чарльз Стюарт Роллс был английским аристократом, его отец владел крупной торгово-промышленной компанией. Чарльз получил прекрасное техническое образование. Еще учась в университете, он приобретает автомобиль «Пежо» и серьезно увлекается автогонками.

«КОРНИШ». В 2001 г. на автосалоне в Детройте (США) компания представила совершенно новую модель — четырехместный кабриолет

«ФАНТОМ I». Автомобиль был представлен в 1925 г. Американская версия выпускалась на заводе в Спрингфилде (США) до 1931 г.

У этих таких разных людей оказалась одна цель — создание лучшего в мире автомобиля. Первым автомобилем, выпущенным компанией, был «Серебряный призрак» (кузов был посеребрен) — модель, поразившая всех надежностью, бесшумностью мотора и плавностью хода. Талантливые инженеры разделили обязанности — Роллс занимался электрикой и шасси, Ройс — моторами. В 1910 г. в авиакатастрофе погибает Роллс. После гибели компаньона Ройс активно занимается созданием авиадвигателей, которые быстро завоевывают репутацию таких же надежных и долговечных, как и автомобиль «Роллс-Ройс».

СУБАРУ

«ЛЕГАСИ». Модель появилась в 1987 г. и впервые была представлена на Чикагской международной автомобильной выставке

ИЗ ИОКОГАМЫ

«Субару» — торговая марка японской автомобильной компании, входящей в состав крупного концерна, который, помимо автомобилестроения, занимается еще и производством авиационной техники, судостроением, станкостроением, металлургией. История компании начинается в 1917 г. с создания в городе Иокогаме Авиационной лаборатории, которая затем выросла в авиастроительную фирму, ставшую крупнейшим поставщиком авиационной техники для японской армии в годы Второй мировой войны. После поражения в войне Японии было запрещено иметь вооружение и армию, соответственно производство самолетов было

«ЛЕГАСИ». Последняя версия модели выпускается с несколькими типами кузова

ЛЕГКОВЫЕ АВТОМОБИЛИ

остановлено и компания стала искать новые сферы деятельности. В то время автомобили на улицах японских городов встречались нечасто, основным видом транспорта для большей части населения оставался велосипед и велорикши (велосипед с небольшой одно- или двухместной повозкой), поэтому компания занялась разработкой мотороллеров, моторов и кузовов для автобусов.

В 1954 г. был сконструирован первый легковой автомобиль, получивший название «Субару». В производство он не пошел, но именно на его основе впоследствии построили модель «Субару 360» — легковой, 4-местный мини-автомобиль с очень хорошими техническими

«ИМПРЕЗА». Новая версия модели, выпускаемой «Субару» с 1992 г. Это один из самых прославленных, благодаря участию в ралли, автомобиль компании

характеристиками. Автомобиль быстро стал популярным, а за свой внешний вид получил ласковое прозвище «божья коровка». Производство этой машины было прекращено только в 1970 г. В 1965 г. появляется «Субару 1000», а в 1969 г. — модель «Субару Леоне». Автомобиль был высоко оценен не только в Японии, но и во всем мире, он стал самым продаваемым среди полноприводных легковых автомобилей. Сейчас «Субару» — одна из самых популярных марок. При разработке своих автомобилей большое внимание компания уделяет безопасности и управляемости в неблагоприятных дорожных условиях, благодаря чему «Субару» снискали славу послушного и надежного автомобиля.

Субару («указывающая путь») — это название скопления звезд в созвездии Тельца. Невооруженным глазом видно шесть звезд, но, глядя в телескоп, можно увидеть около 250 звездочек. У нас эти звезды известны как созвездие Плеяд, в Китае их называют Мао, в Японии популярно и второе название звездного скопления — «Шесть звезд». Это символично для «Субару», т. к. концерн образовался после слияния шести компаний.

ТОЙОТА

СЕМЬЯ ТОЙОДА

«Тойота Мотор Корпорейшн» — японская автомобильная компания, является частью корпорации «Тойота». В корпорацию входят еще несколько компаний, деятельность которых не связана с автомобилестроением. Фирма основана семьей Тойода. Сакиши Тойода (1867—1930) владел предприятием по производству станков и другого оборудования для текстильной промышленности.

Позже он продал свои права на автоматический ткацкий станок одной английской фирме за 100 тысяч фунтов стерлингов и передал эти деньги старшему сыну Кииширо с условием, что тот вложит их в исследовательские работы по созданию автомобиля. В 1934 г. была завершена разработка автомобильного двигателя, а в 1935 г. собран первый легковой автомобиль и первый грузовик. В 1937 г. автомобильное отделение было

«КАМРИ». Удобный, безопасный, практичный и надежный автомобиль. Первая версия модели выпускается с начала 1980-х гг.

Почему вместо буквы «д» в названии компании буква «т»? Это объясняется особенностями японского языка и японским характером: чтобы написать иероглифами слово «тойода», нужно нарисовать девять черточек, а число девять считается несчастливым, поэтому фамилию чуть изменили и теперь осталось только восемь черточек. Число восемь — счастливое и обещающее благополучие.

«АВЕНСИС». Модель производится с различными типами кузова. Особое внимание — безопасности. Автомобиль комплектуется девятью подушками безопасности!

ЛЕГКОВЫЕ АВТОМОБИЛИ

«КОРОЛЛА».
*Последняя версия популярной модели,
появившейся в 1966 г. Выпускается
в нескольких вариантах кузова*

преобразовано в самостоятельную
компанию с современным названием.
В 1938 г. в городе Ходоше строится
новый автомобильный завод.
В память о первой фирме отца
Кииширо принял в качестве логотипа
стилизованное изображение двух
петель трикотажной ткани, перепле-
тенных в форме буквы «т». Большую

роль в становлении и развитии фирмы
сыграли еще два члена семьи —
племянник Сакиши Тойода — Эйджи
Тойода и старший сын Кииширо —
Соиширо Тойода. Главное внимание
они решили уделять не только удачной
проектировке автомобиля, но и его
качественной сборке, а также
непрерывному внедрению
усовершенствований и новейших
технических разработок. На заводах
компании весь процесс конвейерной
сборки был организован особым
образом, так, чтобы все операции
производились с очень высокой
точностью.

«MR2». *Автомобиль
для поклонников
активного стиля
вождения. Концепт
был представлен
в 1997 г. на Токийском
автосалоне*

Ф О Л Ь К С В А Г Е Н

Большое внимание при разработке автомобилей на фирме уделяют комфортабельности салона

«ШАРАН РЕД САЙД». Новое поколение универсала повышенной вместимости. Модель прекрасно подходит для передвижения по городским улицам и имеет низкий расход топлива

НАРОДНЫЙ АВТОМОБИЛЬ

«Фольксваген АГ» — немецкий автомобильный концерн. Производит легковые автомобили, грузовики, микроавтобусы. Сегодня марка «Фольксваген» (в переводе с немецкого «народный автомобиль») известна во всем мире. Кампании принадлежат также «Бугатти», «Ламборгини» и «Бентли». Обширен и модельный ряд самого «Фольксвагена». Наиболее популярны модели «Поло», «Гольф», «Бора», «Пассат» и новый внедорожник «Туарег», но автомобиль, по-настоящему прославивший своего производителя и давший имя

«ПАССАТ». Родоначальником поколения «Пассат» считается переднеприводная модель, выпуск которой начался в 1973 г.

ЛЕГКОВЫЕ АВТОМОБИЛИ

«ТУАРЕГ». Внедорожник представительского класса. Обладая великолепными внедорожными характеристиками, этот автомобиль по комфорту сравним только с седаном высшего класса. Путешествующие в таком автомобиле защищены самыми современными системами безопасности

компании, — это знаменитый «Фольксваген-«жук».

В 1934 г. конструкторское бюро Фердинанда По́рше получило правительственный заказ на разработку небольшого, экономичного и дешевого автомобиля, такого, чтобы каждый работающий немец мог приобрести его для своей семьи. В 1935 г. такой автомобиль был сконструирован. Начавшаяся Вторая мировая война отодвинула выпуск «народного автомобиля» почти на десять лет. Серийное производство было налажено лишь в 1947 г. Автомобиль мгновенно побил все рекорды популярности и в 1949 г. был выпущен с кузовом кабриолет. Постепенно компания расширяла свой модельный ряд, но «жук» оставался в производстве более четырех десятилетий. В 1969 г. «Фольксваген» выкупил у компании «Даймлер-Бенц» фирму «Ауди», создав концерн «Фольксваген-Ауди», в 1990-е гг. в него вошли испанская компания «СЕАТ» и чешский завод «Шкода».

«ГОЛЬФ 5». Впервые модель «Гольф» была представлена в 1974 г. Она получилась настолько удачной, что с тех пор все компактные автомобили почти официально именуют «гольф-классом»

ВОЛЬВО

«S40». Автомобиль обладает высокой маневренностью и комфортностью. Он прекрасно защищает и водителя, и пассажиров в большинстве позиций столкновения при разных скоростях

Я КАЧУСЬ

В переводе с латинского «вольво» означает «я качусь». «Вольво Карс» — автомобильное отделение «Вольво Индастриал Групп». С 1998 г. «Вольво Карс» входит в состав компании «Форд». Компания прочно удерживает репутацию производителя исключительно надежных и безопасных машин. Модели компании неоднократно признавались самыми безопасными автомобилями мира. Основали фирму в 1926 г. два предпринимателя — Ассар Габриэльсон и Густав Ларсон. В 1927 г. первый серийный автомобиль «Якоб OV4» сошел с конвейера небольшого завода в Гетеборге. Автомобиль был спроектирован по американскому дизайну. Максимальная скорость 90 км/ч, открытый пятиместный

С 1995 г. произошло изменение названий модельного ряда автомобилей «Вольво». Новый индекс состоит из трех букв и двух цифр: **S** — (saloon) — седан, **V** — (versatility) — универсал, **C** — (coupe) — купе.

«S60». Мощный, максимально комфортабельный, прекрасно управляемый спортивный седан

кузов, четыре двери, кожаная обивка салона, колеса — с деревянными спицами и съемными ободами — таким был первый автомобиль компании. В первый год продали 297 машин. Чуть позже появилась и закрытая версия «PV4», ее покупали охотнее, потому что Швеция все-таки северная страна и в открытом автомобиле довольно холодно ездить. В 1928 г. компания производит свой первый грузовик, а с 1931 г. уже лидирует в Европе как основной производитель тяжелых грузовиков. После продажи отделения легковых автомобилей компании «Форд Мотор» основное внимание уделяется

грузовому направлению. В начале 1940-х гг. компания разработала недорогие модели «PV36» и «PV51», ставшие очень популярными. Тогда же была начата работа по обеспечению максимальной безопасности автомобиля. В 1959 г. инженер фирмы Нильс Болен изобрел трехточечные ремни безопасности. С 1965 г. на «Вольво» устанавливают усилители тормозов, с 1991 г. — новую систему защиты от бокового удара и автоматическую регулировку ремней безопасности.

«S80». Этот автомобиль является одним из самых топливно-экономичных в своем классе

ХОНДА

«АККОРД». Первое поколение этой модели было представлено в 1976 г.

СОИШИРО ХОНДА

«Хонда Мотор Компани» — японская компания, выпускает легковые автомобили и мотоциклы. В 1946 г. Соиширо Хонда основал «Технический исследовательский институт Хонда». В 1948 г. название сменили на современное. Соиширо Хонда родился в 1906 г. в деревушке Комио. Его отец владел небольшой мастерской с кузницей. В то время велосипед пользовался большой популярностью, как у горожан, так и у сельских жителей. Отец покупал сломанные велосипеды, они с сыном их

Модель «АККОРД», как и большинство других японских автомобилей, имеет модификации, выпускаемые для Японии, Европы или США

В отделе исследований компании трудятся талантливые инженеры. Их изобретения всегда воплощаются в конкретных проектах. Они построили: солнцемобиль, который стал победителем в гонках и был признан лучшим; новейшую навигационную систему; всемирно известного робота Азимо; экологичные двигатели, выхлопные газы которых на 95% чище обычных.

ремонтировали и продавали. Закончив школу, Соиширо уезжает в Токио и устраивается на работу в автомастерскую. Через несколько лет он уже собирает свой первый гоночный автомобиль и выигрывает первое же соревнование.

Увлекшись гонками, он постоянно ищет новые технические решения для усовершенствования своей модели.

ЛЕГКОВЫЕ АВТОМОБИЛИ

«СИВИК». *Последняя версия модели «Сивик», появившейся в 1972 г. и сразу завоевавшей популярность во всем мире как недорогой автомобиль высокого качества*

На очередных гонках Соиширо устанавливает на финишной прямой рекорд скорости, который продержался десять лет, — 120 км/ч. Правда, сама гонка закончилась печально — автомобиль Хонды врезался во внезапно заглохшую машину соперника. Спорт пришлось оставить. Теперь все время было

отдано новой компании и новым разработкам. До 1963 г. «Хонда» была известна во всем мире прежде всего как крупнейший производитель мотоциклов (таковой компания остается и по сей день). Но в 1962 г. «Хонда» выпускает грузовик, а следующей моделью уже становится двухместный спортивный автомобиль. Настоящее признание «Хонда» завоевала в 1972 г. с появлением модели «Сивик».

«S2000», *2003 г. Заднеприводной спортивный автомобиль с передним расположением двигателя. Мощность 240 л. с.*

Одно из самых первых запатентованных изобретений Соиширо Хонда — способ отливки металлических спиц для автомобилей. Он один из первых в Японии стал заменять деревянные спицы на металлические.

ПЕЖО

БРАТЬЯ ПЕЖО

Еще одна французская компания, основанная братьями. В 1810 г. Жан Фредерик и Жан Пьер Пежо организовали небольшую литейную мастерскую, которая и стала первым семейным предприятием рода Пежо. Семья сохраняет свои руководящие позиции и в современной компании. В 1886 г. уже третье поколение — братья Эжен и Арман решают превратить фирму, к тому времени производящую

В 1892 г. компания получила заказ от алжирского правителя на изготовление автомобиля. Сейчас эта модель с кузовом из литого серебра является украшением музея «Пежо», в экспозиции которого представлено более 150 автомобилей.

«307». На смену «306» модели приходят трех- и пятидверные хетчбэки серии «307»

велосипеды, в автомобильный завод. Вскоре они заключают договор на изготовление по патенту двигателей Даймлера, а через два года появляется первый «Пежо». Это был автомобиль, снабженный коробкой передач и достигающий скорости 25 км/ч. В 1894 г. в гонках «Париж — Руан» к финишу пришло пять автомобилей «Пежо» — это был настоящий успех, так как в те времена не всякий автомобиль мог закончить гонку и не сойти с дистанции из-за поломок. В 1895 г. компания продает более 70 автомобилей, в 1900 г. — уже 500. В начале 1911 г. компания «Пежо» приглашает к сотрудничеству

«406». В 1997 г. начат выпуск модели «406» с кузовом купе. На этом автомобиле в том же году Лоран Алиелло выигрывает чемпионат в Германии

«807». Мини-вэны серии «807» появились в начале 2002 г. На выбор предлагаются модификации с бензиновым или дизельным двигателем

талантливого инженера Этторе Бугатти. Перед ним ставится задача создания надежного и простого городского автомобиля. Так появляется знаменитая «Пежо Бебе» («Малышка»). Но по-прежнему главное место среди интересов компании занимает разработка и производство гоночных и спортивных машин: модель 1913 г. была способна развивать скорость до 187 км/час — это рекорд того времени. Компания внедряет на своих заводах метод конвейерной сборки, что позволяет резко увеличить количество выпускаемых автомобилей. После Первой мировой войны «Пежо» выпускает экономичную модель «Квадрилетта» и мощный седан для более состоятельных и требовательных покупателей. На парижском автосалоне в 1929 г. «Пежо» представляет модель с индексом «201», положив начало традиции присвоения своим моделям трехзначных номеров с нулем в середине. Компания даже запатентовала все числа от 101 до 909 как торговую марку.

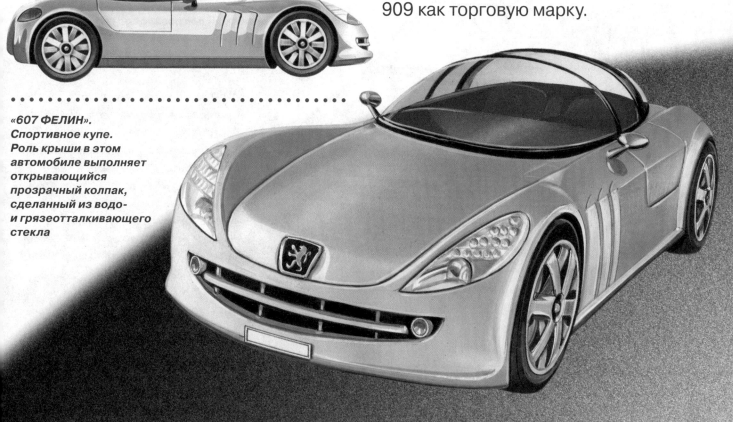

«607 ФЕЛИН». Спортивное купе. Роль крыши в этом автомобиле выполняет открывающийся прозрачный колпак, сделанный из водо- и грязеотталкивающего стекла

Ф И А Т

АВТОМОБИЛИ И ПЛОТИНЫ

«Фаббрика Итальяна Аутомобили Торино» (ФИАТ) — итальянская корпорация, в состав которой входят несколько автомобильных компаний; также корпорация занимается деятельностью, не связанной с автомобилестроением: в 50-е гг. прошлого столетия компанией был построен трансатлантический лайнер «Юлий Цезарь» и теплоход «Джованни Аньелли»; дочерние фирмы прокладывают дороги и туннели, возводят мосты и плотины (гигантская плотина «Кариба» на реке Замбези в Африке и пятикилометровый туннель в Альпах между Италией и Швейцарией).

«МАРЕА». Эта модель появляется в 1996 г. в кузове седан и универсал, также существует модификация «Мареа Уикенд» и более поздняя модель «Мареа Бипауэр»

«ПАЛИО УИКЕНД». Производство этого автомобиля началось в 1997 г. Автомобиль хорошо подходит и для загородных прогулок, и для поездок по городу

ФИАТ за всю свою историю придерживался двух направлений в автомобилестроении — создание доступных моделей, а также гоночных и спортивных автомобилей. Одна из знаменитых «народных» моделей — «ФИАТ 500», которую прозвали мышонком. Модель появилась в 1936 г. и вошла в историю как самый маленький и недорогой автомобиль. Выпускалась до 1955 г.

СОЗДАНИЕ КОМПАНИИ

В 1899 г. было зарегистрировано «Итальянское общество по производству и продаже автомобилей». Но история ФИАТ начинается годом раньше. Когда инженер Батисто Черано, владелец велосипедной мастерской, задумал открыть фирму по производству автомобилей. Он легко нашел единомышленников среди туринских предпринимателей и финансистов, среди них был и будущий президент ФИАТ Джованни Аньелли. Первым «ФИАТом» стал автомобиль, построенный инженером Аристидом Фаччиоли, до этого работавшим в мастерской Черано. С 1901 г. начинается успешное становление новой марки, а с 1902 г., когда «ФИАТ» побеждает в гонке, — и спортивная слава.

«ЧИНКВЕЧЕНТО». Модель 1991 г. считается наследницей модели «126» — малолитражного автомобиля, выпускаемого и в спортивных модификациях с 1972 г. Модель производилась в трех версиях с различным объемом двигателя

ПЕРЕЖИВ ВСЕ БУРИ

ФИАТ — одна из немногих итальянских компаний, которая смогла пережить все бурные периоды в истории Италии: две мировые войны, крушение монархии, приход к власти фашистского правительства во главе с Муссолини, поражение во Второй мировой войне, нестабильную политическую обстановку в стране в 1940 — 1960-е гг., при этом ФИАТу удалось избежать слияния с другими автогигантами, что так характерно для настоящего времени.

ПО ГОРОДУ И ПО БЕЗДОРОЖЬЮ

САМЫЙ ГОРОДСКОЙ АВТОМОБИЛЬ

КОМФОРТНО И ЭКОНОМИЧНО

Как это ни странно, но необходимость в компактном автомобиле возникла в Европе уже в 30-е гг. прошлого столетия. Правительства некоторых стран даже ставили перед автомобильными компаниями задачу создания таких компактных моделей. Именно так появился знаменитый «Фольксваген-«жук». В настоящее время небольшие автомобили переживают второе рождение, причем цена машины уже не играет большого значения. Некоторые «малышки» стоят намного дороже обычных легковушек. Улицы больших городов переполнены, постоянно возникают проблемы с парковкой, стоит вопрос и об экономичности — понятно, что маленькому автомобилю бензина необходимо гораздо меньше, чем любому другому; такие авто более маневренны в стесненных условиях общего дорожного потока машин. За всю историю автомобилестроения было создано большое количество самых разнообразных «малюток»; эти автомобили с трудом поддаются классификации — настолько различаются их конструктивные решения. Это может быть трехместный автомобиль, и одноместный, и даже полноприводной. Автомобилисты часто не могут определиться с названием такого рода авто. Как их только не называют: микроавтомобиль, мини-автомобиль, малолитражный, микролитражный, компактный,малогабаритный и т. д. Многие живущие в городе хотят иметь удобный, комфортный, отвечающий всем современным требованиям безопасности автомобиль, только очень маленький — на котором проще ездить по загруженным городским улицам. Большинство автомобильных компаний сегодня имеет в своем модельном ряду такой «самый городской» автомобиль.

«МЕРСЕДЕС А1»

«Изетта плюс», 1959 г. Произведено 20 тысяч штук, трехместный автомобиль со стальным кузовом и рамой, максимальная скорость 89 км/ч, расход топлива 3,6 л на 100 км

«ИЗЕТТА»

Вот такую необычную и странную модель выпустила немецкая компания БМВ в 1950-х гг. в разрушенной войной Европе бензин стоил неимоверно дорого, и «Изетта» стала доступным и дешевым средством передвижения. Первоначально автомобиль производила итальянская компания ISO. БМВ заключила соглашение о производстве этого автомобильчика на собственных заводах и со своим малолитражным двигателем. Подобные автомобили производили и другие компании, так появилось целое семейство автомобилей-«пузырьков». На одной заправке «Изетта» проходила 1610 км. Коробка передач имела 4 скорости, но задний ход в базовой комплектации не предусматривался и мог быть установлен за дополнительную плату. Зато парковать машину можно было в самом тесном месте, даже на тротуаре. Доступ в машину осуществлялся через переднюю дверь, при этом откидывалась рулевая колонка. Подвижные, юркие и очень экономичные машинки даже стали модными. Их покупали не только люди с невысоким достатком, но и вполне преуспевающие бизнесмены; впрочем, стоила «Изетта» не так уж и дешево. Сегодня уцелевшие экземпляры этой модели являются истинным украшением любой автоколлекции.

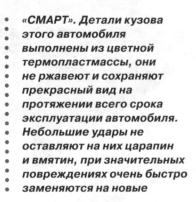

«СМАРТ». Детали кузова этого автомобиля выполнены из цветной термопластмассы, они не ржавеют и сохраняют прекрасный вид на протяжении всего срока эксплуатации автомобиля. Небольшие удары не оставляют на них царапин и вмятин, при значительных повреждениях очень быстро заменяются на новые

НАРОДНЫЙ АВТОМОБИЛЬ

Фердинанд По́рше должен был по заказу правительства создать маленький автомобиль, на котором немцы могли бы ездить на работу, как американцы на «Фордах». Так появилась модель «VW3», представленная в 1935 г. на автомобильной выставке в Берлине. За свою характерную внешность машина сразу же получила ласковое прозвище «жук». Осенью 1936 г. начались испытания автомобиля сразу на двух трассах. Машины прошли по 50 тысяч км и успешно выдержали нагрузки. Но до войны было выпущено чуть более двухсот машин. Германия начала активную подготовку к военным действиям, и производство дешевого автомобиля для простых людей было отложено до лучших времен. Настоящая слава пришла к «жуку»

Новый «ФОЛЬКСВАГЕН-«ЖУК» еще долгое время можно будет видеть на улицах городов всего мира, машина не теряет своей привлекательности и остается настоящей любимицей автовладельцев

в послевоенное время. И даже когда компания «Фольксваген» уже превратилась в одну из крупнейших корпораций мира, производивших миллионы автомобилей, выпуск «жука» не прекращался. Модель пережила множество конструктивных изменений, покорила даже США (в этой стране маленькие автомобили не пользуются большим спросом). Последней страной, где до недавнего времени производили «жука», стала Мексика, хотя продавался новый «жук» успешно по всему миру.

И В ЕВРОПЕ, И В ЯПОНИИ

Пользуясь принятой европейской классификацией, к самому городскому автомобилю относятся первые три класса машин: класс мини (А-класс), самые маленькие; малый класс (В-класс) — значительная часть автомобилей имеет кузов хэтчбек (3 или 5 дверей) и передний привод; и низший средний класс (С-класс), его еще называют компакт-классом или «гольф-классом», потому что именно к этому классу относится «Фольксваген Гольф». Автомобили С-класса недорогие, компактные и вместительные, при этом довольно комфортабельные. В Европе расширение производства мини-автомобилей началось в конце 1980-х гг. Сейчас такие автомобили составляют около четверти всех продаваемых в Европе машин. Половина покупателей — женщины. Особой популярностью мини-автомобили пользуются в Японии, в этой стране такие автомобили составляют около трети всего автомобильного рынка.

«ФОРД К» — первый мини-автомобиль знаменитого концерна. Концепт был представлен на Женевском автосалоне в 1994 г., а через два года началось его серийное производство

Легковые автомобили со всеми ведущими колесами появились во время Второй мировой войны. Их использовали при штабах войск и в связных частях. В армии их называли general purpose («универсальное назначение»). Такое длинное название военные быстро сократили до начальных букв первых двух слов, которые произносятся как «джи-пи» Отсюда и получилось название «джип». Позже фирма «Виллис-Оверланд» зарегистрировала это название как свою торговую марку, поэтому называть все внедорожники джипами неверно, хотя это очень распространенное название.

Кто из нас не мечтает с ветерком промчаться в автомобиле по пустынным барханам или широкому песчаному океанскому пляжу, как это часто показывают в фильмах, или на большой скорости погоняться по полю, преодолевая всевозможные склоны и ухабы или вздымая фонтаны брызг из-под колес, пересечь возникшую на пути речушку, да и просто без приключений доехать в ненастную погоду до собственной дачи. Ведь не секрет, что, кроме удобства передвижения, машина еще должна доставлять удовольствие! Только вот для таких экстремальных поездок годится не всякий автомобиль, а только специальный. Такие легковые

Предшественник всех современных внедорожников «ВИЛЛИС МВ». Появился он более 60 лет назад в американской армии

*«РЭНГЛЕР».
Этот джип —
настоящий
внедорожник.
Среди его
почитателей
и гонщики,
и просто любители
приключений.
Автомобиль
был впервые
представлен
в Женеве в 1986 г.*

автомобили называются внедорожниками. Внедорожники прежде всего предназначены для движения вне асфальтированных дорог — по плохим дорогам или по местности, где вовсе нет никаких дорог. Двигатель такого автомобиля не просто вращает все четыре колеса, сами колеса для внедорожников делают увеличенного размера. Самые первые внедорожники производились для армии, потом постепенно на такие машины стали пересаживаться геологи, охотники, жители сельской местности. Оказалось, что внедорожный автомобиль нужен в любом уголке земного шара, ведь на этой машине без труда можно путешествовать даже по пустыне.

В настоящее время практически все автомобильные компании имеют в своем модельном ряду полноприводной легковой автомобиль. Правда, теперь их стали делать комфортабельными, чтобы можно было с удобством совершать путешествие или ездить по городу. Очень много проводится различных спортивных соревнований среди машин этого класса, и соревнования эти одни из самых популярных. Ведь именно на сложной трассе настоящий внедорожник способен продемонстрировать свои достоинства и доказать, что он — лучший.

*Новая версия
российского
автомобиля УАЗ.
УАЗ не так
комфортабелен,
как его «западные»
собратья, зато по
проходимости УАЗ
даст сто очков
вперед многим
машинам*

«НИССАН ПАТРОЛ»

Внедорожники — прежде всего надежные автомобили, они хороши и на автомагистралях, и на проселочных дорогах, и очень неприхотливы в управлении.

Сама идея внедорожного автомобиля появилась более ста лет назад. Американец Роберт Твифорд получил патент на полноприводное транспортное средство. Но это была концепция по тем временам неисполнимая. Лишь в 1940 г. военным руководством США было принято решение о создании армейского универсального автомобиля повышенной проходимости и объявлен конкурс среди автомобильных компаний. Победителями стали «Форд» и «Виллис Оверлэнд Моторс». Обе фирмы получили заказ, и внедорожные автомобили были поставлены в армию уже в начале 1941 г. Чуть позже правительство США решило оставить

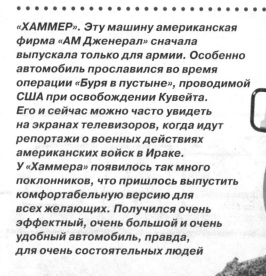

«ХАММЕР». Эту машину американская фирма «АМ Дженерал» сначала выпускала только для армии. Особенно автомобиль прославился во время операции «Буря в пустыне», проводимой США при освобождении Кувейта. Его и сейчас можно часто увидеть на экранах телевизоров, когда идут репортажи о военных действиях американских войск в Ираке. У «Хаммера» появилось так много поклонников, что пришлось выпустить комфортабельную версию для всех желающих. Получился очень эффектный, очень большой и очень удобный автомобиль, правда, для очень состоятельных людей

ПО ГОРОДУ И ПО БЕЗДОРОЖЬЮ

*«ГРАНД ЧЕРОКИ».
Автомобильный завод,
производящий джип,
был построен на землях,
ранее принадлежавших
северо-американскому
индейскому племени
чероки. Отсюда
и название модели*

на вооружении только модель «Виллис МА», подвергнув ее некоторым доработкам. В дальнейшем новый «Виллис МВ» производился и компанией «Форд» под собственным индексом «GPW», но, по сути, это был один автомобиль. Вездеход вмещал четырех человек, весил чуть более тонны и развивал скорость до 105 км/ч. Более 50 тысяч таких армейских вездеходов в годы Второй мировой войны были поставлены и для нашей армии.

*«БМВ X5». Первый
внедорожник, выпускаемый
знаменитой баварской
компанией. Весит такой
автомобиль более 2 т*

ДЖИП

Армейский джип принес фирме «Виллис» всемирную известность и успех. После войны тот же армейский автомобиль производился и как гражданский под индексом «CG» (civilian jeep — «гражданский джип»). Сегодня марку «Джип» выпускает отделение американского концерна «Крайслер», специализирующееся на выпуске легковых автомобилей повышенной проходимости.

СПОРТИВНЫЕ АВТОМОБИЛИ

ПЕРВЫЕ ДОСТИЖЕНИЯ

КТО ЛУЧШИЙ?

До 1900 г., хотя гонки уже проходили во многих странах, специальных гоночных автомобилей еще не производилось. Все машины — участники соревнований — были обычными автомобилями, без всякой особенной конструкторской подготовки. Гонки устраивались для привлечения покупателей, ведь каждая фирма хотела показать, что ее автомобиль — лучший. Автогонки еще не были видом спорта, спортивные достижения являлись своего рода рекламой автомобиля и гарантией надежности приобретаемого авто. Самая первая машина для гонок была придумана инженером фирмы «Даймлер» Вильгельмом Майбахом. С тех пор все автомобильные компании стали создавать машины, для которых наиважнейшим показателем стал один — скорость.

Автомобиль Этторе Бугатти «ТИП 35» — победитель гонок 1926 г.

«ЖАНТО́». Первый автомобиль, на котором был установлен мировой рекорд скорости — 63 км/ч. Автомобиль имел электрический двигатель мощностью 36 л. с. А произошло это событие 18 декабря 1898 г. под Парижем

В 1902 г. во Франции в городе Ницца проходили гонки на автомобилях. Победителем стал «МЕРСЕДЕС»

Гоночный автомобиль «ФИАТ», 1907 г.

Первые в истории автомобильные гонки состоялись в 1895 г. Трасса длиной 1200 км шла из Парижа в Бордо и обратно в Париж. Их выиграл Эмиль Левассор на машине «Панар-Левассор» с мотором мощностью 4 л. с. Восторженная толпа приветствовала победителя в Париже. Вымазанный маслом, копотью и пылью, Левассор, выйдя из машины, сказал: «Это было ужасно, я несся со скоростью 24 километра в час!»

ПЕРВЫЕ АВТОГОНКИ

Первые автогонки проводились, как правило, между городами Париж — Руан, Париж — Мадрид, Берлин — Лейпциг и т. д. Надо сказать, что далеко не все автомобили добирались до финиша. В 1899 г. была предпринята первая попытка провести первенство мира. В соревновании на маршруте Париж — Леон приняли участие пять гонщиков: трое из Франции, один из Америки и один из Бельгии. Закончить дистанцию смогли лишь двое французских гонщиков. В 1903 г. удалось собрать команды из четырех стран. В первых международных гонках на «Большой приз» в 1906 г. принимали участие уже 34 гонщика на автомобилях 13 марок. Постепенно, год от года, складывались определенные правила для различных соревнований, утверждались и строгие технические требования к конструкциям машин, принимающих участие в гонках.

Первым автомобилем-такси стал «Рено-АХ». Его начали выпускать в 1906 г. Мощность мотора превышала 100 л.с., а максимальная скорость составляла 148 км/ч. Конечно, для такси машина выпускалась попроще, но гонки сыграли свою рекламную роль. Марка стала очень популярной в Европе.

«АУДИ ТТ КВАТТРО». Все четыре колеса — ведущие, двигатель мощностью 224 л. с. Скорость — 223 км/ч

СКОРОСТЬ И ТОЧНОСТЬ

Спортивные автомобили — особенные, не похожие на те машины, которые мы каждый день видим на дорогах. У них совершенно другая конструкция. Они быстрее, легче своих собратьев и точнее в управлении. По сравнению с обычной машиной спортивный автомобиль сложнее и совершеннее во всем и обычно изготавливается всего в нескольких экземплярах, а иногда и в единственном. Соответственно и стоит он очень дорого. Небольшими партиями выпускаются гоночные и спортивные автомобили и для массового спорта. В большинстве случаев их приобретают очень состоятельные спортсмены или спортивные клубы.

СПОРТИВНЫЕ АВТОМОБИЛИ

«ШЕВРОЛЕ КОРВЕТ». У этого автомобиля пластмассовый кузов. Мотор мощностью 350 л. с. позволяет развивать скорость до 281 км/ч

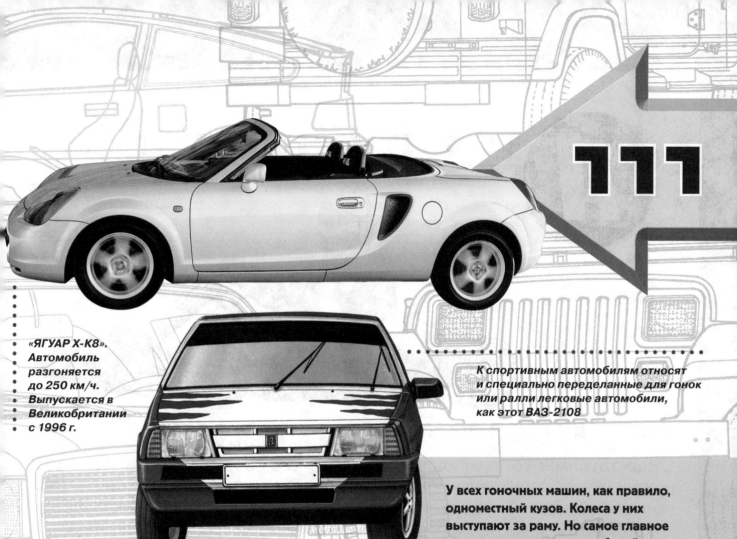

«ЯГУАР X-K8».
Автомобиль
разгоняется
до 250 км/ч.
Выпускается в
Великобритании
с 1996 г.

К спортивным автомобилям относят
и специально переделанные для гонок
или ралли легковые автомобили,
как этот ВАЗ-2108

СКОРОСТНЫЕ АВТОМОБИЛИ

Но есть скоростные автомобили,
которые выпускаются на заводах
более крупными партиями и которые
можно купить. Такие машины
создаются для отдыха, прогулок,
дальних поездок. Ведь не только
спортсмены любят скорость!
Такие модели часто называют
спортивными, хотя для спорта они
вовсе не предназначены. Тем не
менее множество фирм занимается
разработкой и производством
этих дорогих и престижных авто.
Такие машины, как правило,
выглядят довольно изящно, имеют
низкий двухместный кузов (иногда
четырёхместный) и мощный мотор.

У всех гоночных машин, как правило,
одноместный кузов. Колёса у них
выступают за раму. Но самое главное
отличие гоночных автомобилей
от спортивных — это полное
отсутствие фар. Спортивные машины
обычно двухместные. Очень редко —
четырёхместные. Особенность
спортивных машин — кузов, который
как бы охватывает колёса и фары.

«ТОЙОТА MR2». Мотор имеет мощность 140 л. с.
Автомобиль развивает скорость до 210 км/ч

А ВТОСПОРТ

«КАРТ» — очень простой спортивный автомобиль, но именно на таких автомобилях начинали свой спортивный путь все знаменитые гонщики

ВИДЫ АВТОСПОРТА

Существует множество видов автомобильного спорта, и для каждого из них требуется спортивный автомобиль определенной конструкции. Есть гонки по кольцевой дороге — такую дорогу называют гоночной кольцевой трассой. Есть гонки на скорость по бездорожью — кроссы. Существуют соревнования, называемые ралли. В них участникам нужно пройти путь в несколько сотен или даже тысяч километров за точно указанное правилами время — не раньше и не позже. Существуют и специальные заезды на установление рекордов скорости. Они проходят на ровных, прямых участках шоссе или специальных треках.

• Специально подготовленный
• к гонкам на скорость легковой
• автомобиль «ОПЕЛЬ»: очень большие
• колеса, антикрыло на багажнике
• и спойлер под передним бампером;
• более сильный, чем у серийной
• модели, мотор

ГОНКИ ПО КОЛЬЦУ

Самые популярные в мире — это гонки по кольцевым трассам. Самые известные — «Формула-1». Чемпионат в классе «Формула-1» разыгрывается ежегодно и состоит из нескольких этапов, проходящих в разных странах на специальных трассах. Есть кольцевые гонки «Формула-3000», «Формула-3», «Формула-Форд». Все машины — с одноместным кузовом с выступающими колесами. На небольших кольцевых трассах устраивают гонки на простейших спортивных машинах — картах.

• Самые известные среди спортивных машин — гоночные автомобили «Формулы-1»

• Автомобиль гонок «Формула-Форд». В этих гонках, как правило, участвуют автомобили, на которых установлены такие же моторы, как и у серийных легковых машин

Гоночный автомобиль «Формулы-1» «МакЛАРЕН МЕРСЕДЕС»

Такой вид автоспорта называют картингом. В некоторых видах кольцевых гонок участвуют и двухместные гоночные машины, у которых колеса не выступают из кузова, есть фары и другие детали, как у обычного легкового автомобиля. Еще один вид гонок — на специально переделанных (доведенных) легковых автомобилях с четырех- или пятиместным закрытым кузовом. Спортсмены такие гонки называют кузовными. По бездорожью проводятся кроссы и на одноместных машинах (багги), и на грузовиках, и на легковых автомобилях.

РАЛЛИ

В переводе с английского слово «ралли» означает «слет, сбор». Участники собираются на своих автомобилях в одном месте. Оттуда и начинается их путь по бездорожью. На определенных этапах располагаются контрольные пункты, где судьи проверяют контрольное время и подсчитывают заработанные участниками на каждом этапе очки.

Раллийный КамАЗ. Шесть дополнительных мощных фар необходимы, чтобы можно было передвигаться в клубах пыли или ночью по бездорожью

ОПАСНОЕ ПРИКЛЮЧЕНИЕ

Ралли — один из популярнейших видов автоспорта. Эти соревнования проводятся в большинстве своем на переделанных автомобилях — легковых и грузовиках. Трасса проходит по отдаленным районам, где почти отсутствуют дороги и помощи ждать не приходится — на сотни километров вокруг может вовсе не быть не только какого-нибудь жилья, но и даже просто ни одного человека. Ралли — это довольно опасное приключение, продолжающееся не один день. Первые ралли организовал в 1905 г. немец Губерт фон Геркомер. В России подобные соревнования состоялись спустя четыре года. С тех пор ралли проводятся по всему свету, причем, кроме профессиональных соревнований, существует и множество любительских ралли, единственным условием участия в которых зачастую является только наличие водительских прав и автомобиля у участника.

СПОРТИВНЫЕ АВТОМОБИЛИ

О МАШИНАХ

В профессиональных ралли участвуют специальные автомобили, у которых только кузов серийный. Все остальное — результат серьезной работы конструкторов. Все колеса — ведущие, моторы — с турбонаддувом, максимально мощные. Многие детали изготовлены из дорогих высокопрочных материалов. Такой специальный автомобиль для ралли стоит, как правило, в десятки раз дороже обычного автомобиля.

Крупнейшие компании мира (и не только автомобильные) используют раллийные машины в рекламных целях. Автомобиль превращается в настоящий рекламный щит, с огромной скоростью проносящийся по дорогам. Но именно деньги спонсоров и позволяют осуществлять подготовку машины к ралли

На зимних ралли, где много снега и трасса покрыта ледяной коркой, автомобили переобувают в специальные зимние шины с шипами

Существует Международная автомобильная федерация (ФИА). Она составляет все правила для международного автомобильного спорта. Это правила проведения соревнований, технические требования к участвующим в них автомобилям, к безопасности. Под контролем ФИА проходят все европейские и мировые чемпионаты и первенства. За нарушение правил ФИА — огромные штрафы.

«ПОРШЕ 911».
Одна из самых популярных моделей марки «Порше». Производится в нескольких модификациях с кузовом купе и кабриолет

«ЛАМБОРГИНИ»

Основатель компании Ферруччо Ламборгини родился в апреле 1916 г. Окончил инженерную школу и долго работал механиком. Позже организовал фирму по выпуску трактора собственной конструкции. Когда Ламборгини решил создать спортивный автомобиль, он был уже состоятельным человеком. Первый «Ламборгини» с индексом «350 GT» был представлен на автосалоне в Турине. Сейчас компания «Ламборгини» принадлежит «Ауди», являющейся подразделением концерна «Фольксваген». За более чем тридцатилетнюю историю существования фирмы выпущено более 20 моделей спортивных автомобилей.

«ЛАМБОРГИНИ ДИАБЛО». Автомобиль был представлен в 1989 г. в нескольких вариантах кузова

СПОРТИВНЫЕ АВТОМОБИЛИ

«ШЕВРОЛЕ КОРВЕТ».
Американский «Шевроле Корвет» —
машина очень низкая, ее высота
всего 1,2 м

«ПО́РШЕ»

Фердинанд Порше родился в 1875 г., окончил университет и успешно работал конструктором на различных предприятиях, в том числе и на «Даймлер-Бенц», где он был главным конструктором и принимал непосредственное участие в разработке серий «К» и «S». Только в 56 лет Порше решается основать свое собственное конструкторское бюро. В 1934 г. Фердинанд Порше направил

в министерство транспорта Германии предложение о производстве «народного автомобиля» — это будущий «Фольксваген-«жук». Во время Второй мировой войны Порше занимается разработкой оружия — танков «Тигр» и самоходных орудий. После войны, в 1948 г., появляется «Порше 356» с кузовом купе, который сразу же побеждает в гонке. В 1951 г. Порше не стало. Но его дело было успешно продолжено сыном.

«МАЗЕРАТИ 3200GT».
Компания была основана
братьями Мазерати в 1914 г.
К 1927 г., после побед на
всевозможных гонках,
о фирме узнал весь мир.
В настоящее время
автомобили под маркой
«Мазерати» производит «ФИАТ»

«ДОДЖ ВАЙПЕР RT/10». Автомобиль был представлен на салоне в Детройте (США) в 1989 г., а в 1992 г. началось производство этого двухместного родстера, ставшего самым мощным серийным автомобилем Америки. Двигатель разработан совместно с итальянской фирмой «Ламборгини»

Этторе Арко Исидоро Бугатти по происхождению итальянец, но основал свою фирму в 1909 г. во Франции. В 17 лет Этторе построил свой первый автомобиль, потом увлекся автогонками и стал прекрасным гонщиком. В 20 — 30-е гг. прошлого века модели Бугатти первенствовали на всех крупнейших гонках. В 1927 г. миру была представлена самая дорогая и роскошная модель того времени — «Т-41 Ройял». Все модели «Бугатти» собирались только вручную и всего в нескольких экземплярах.

«ФЕРРАРИ»

«Феррари» — итальянская компания, выпускающая гоночные и спортивные автомобили, с 1989 г. входит в состав концерна «ФИАТ». Главный офис находится в городе Маранелло. Компания была основана в 1939 г. знаменитым гонщиком и испытателем автомобилей компании «Альфа-Ромео» Энцо Феррари. Первые его автомобили выпускались под маркой «Альфа-Ромео», и только с 1946 г. появился автомобиль марки «Феррари». Автомобили компании «Феррари» — одни из самых дорогих и престижных. Каждая модель уникальна.

«АСТОН МАРТИН V12 ВЭНКВИШ». До 100 км/ч автомобиль разгоняется за 4,5 секунды, а через 5,5 секунды набирает скорость 160 км/ч

«КАТЕРХЭМ R300». Модель
легендарной английской марки
спортивных автомобилей.
Довольно необычный внешний
вид привлекает покупателей —
любителей загородных
прогулок и клубных гонок

«ФЕРРАРИ-550
МАРАНЕЛЛО»

«АСТОН-МАРТИН»

«Астон-Мартин» — известная
английская компания, которая
выпускает спортивные автомобили,
сейчас является отделением
концерна «Форд Мотор Компани».
Первый автомобиль был построен
в 1914 г. Один из основателей
компании — Лайонел Мартин был
победителем в гонке по подъему
на холм Астон Клинтон, поэтому
новый автомобиль был назван
«Астон-Мартин» — в память о
столь важном событии соединили
название местности и фамилию

гонщика. Партнером Мартина стал
Роберт Бэмфорд. В 1947 г. компания
перешла в собственность Дэвида
Брауна, и с этого года в названии
моделей появляется буквенное
обозначение — DB. За свою долгую
историю компания поменяла
много владельцев, сейчас все
принадлежит «Форду», но до сих пор
все автомобили, сохраняя традиции,
собирают вручную.

«БУГАТТИ ЕВ 18/4 ВЕЙРОН».
Вейрон — фамилия
французского спортсмена,
который до войны не раз
побеждал на «Бугатти»
в различных гонках

АВТОБУСЫ И ГРУЗОВИКИ

АВТОБУСЫ

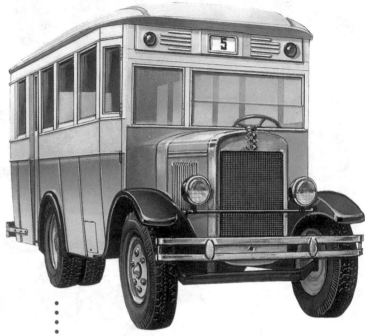

Общественный транспорт возник с появлением в городах больших промышленных предприятий — заводов и фабрик. Ежедневно необходимо было перевозить сотни тысяч рабочих по городу и за его пределы, поэтому первые автобусы появились на улицах самых больших городов, заменив многочисленных извозчиков и омнибусы, которые уже не могли справиться с перевозкой огромного количества людей в стремительно растущем городе.

Один из первых автобусов отечественного производства, появившихся на улицах Москвы, — ЗИС-8. Он рассчитан на 25—30 пассажиров, а его скорость — 65 км/ч

В Москве первые омнибусы появились только лишь в 1872 г., на несколько столетий позже, чем в Европе. Это были большие закрытые кареты, вмещавшие до десяти пассажиров, но в Москве омнибусы не стали основным видом транспорта, как это произошло во многих европейских городах.

До появления самодвижущихся машин основной тягловой силой для транспорта были лошади. Они тащили дилижансы, омнибусы, рельсовые вагоны (предшественников трамвая). Сейчас основная нагрузка в городских перевозках ложится на личные машины и метро, но среди общественного наземного транспорта автобусы — вне конкуренции. Автобус, самый распространенный на свете вид общественного транспорта, можно встретить в любой стране мира. Основное предназначение автобусов — перевозка пассажиров.

АВТОБУСЫ И ГРУЗОВИКИ

В Москве первые автобусы появились только в 1924 г. Это были машины, переделанные из грузовиков, позже в Англии были закуплены 8 автобусов вместимостью 28 человек. В конце 1927 г. в Москве уже действовали 18 маршрутов. Через несколько лет началось и отечественное производство автобусов.

Автобусы ЛиАЗ много лет перевозили пассажиров во многих российских городах. Некоторые из них еще продолжают выполнять свою работу

Название «автобус» происходит от латинских слов «ауто» — «автомобиль» и «омнибас» — «для всех», в результате получилось слово «аутобас» — «автомобиль для всех». Придумали это название во Франции, а уже оттуда оно распространилось по всему миру. Омнибусы были первым видом общественного транспорта. Такие конные кареты появились в Париже еще в 1662 г. В марте 1895 г. впервые в мире омнибус с двигателем внутреннего сгорания, построенный фирмой «Бенц и Кº», был выпущен для регулярного сообщения по маршруту Зиген—Нетфен—Дойц.

Автобусы «МЕРСЕДЕС-БЕНЦ», которые можно ежедневно видеть на городских улицах, производятся в Турции. Они перевозят по 120 и более пассажиров

Багажное отделение в туристическом автобусе находится внизу. Над ним располагается салон с пассажирами. Путешественникам открывается великолепный обзор, так как, находясь довольно высоко, они буквально «парят» над общим потоком автомобилей

В настоящее время существует несколько основных типов автобусов. Каждый предназначен и разработан производителем для строго определенной цели. Автобусы бывают городские (маршрутные и специальные), пригородные, туристические и междугородные. Городские автобусы в основном используются на постоянных маршрутах. К таким автобусам предъявляются свои требования. У них должно быть не менее двух дверей для входа и выхода, места для сидящих и стоящих пассажиров, низкий ровный пол, накопительные площадки около дверей (свободное от сидений пространство, где можно ехать стоя), салоны таких автобусов отличаются простой, но прочной отделкой. Обязательно предусмотрены всевозможные поручни, за которые могут держаться люди во время движения. У маршрутных автобусов двери обычно складные или сдвижные, снабженные защитным устройством против защемления пассажиров. На особо загруженных маршрутах используют сочлененные автобусы. Они вмещают по 120 и более пассажиров. У таких автобусов обычно по 3 или 4 широких двери. Сочлененные автобусы состоят из двух или трех секций. Все городские автобусы «обуты» в специальные шины с протектором на обеих боковинах, защищающих от трения и износа при соприкосновении с бордюрным камнем. В большинстве европейских стран городские автобусы оборудованы специальными подъемниками для инвалидных колясок и устройствами для закрепления колясок внутри салона автобуса. Хочется надеяться, что и в нашей стране появятся такие автобусы.

АВТОБУСЫ И ГРУЗОВИКИ

Очень хотелось бы, чтобы салоны всех пригородных автобусов выглядели именно так — ярко и нарядно, радуя глаз пассажиров

Пригородные автобусы перевозят пассажиров из города за его пределы. Как правило, они рассчитаны на перевозку только сидящих пассажиров. Такие автобусы более комфортабельны по сравнению с городскими, ведь людям приходится ехать в них довольно долгое время.

Самые комфортабельные автобусы — это автобусы туристические (междугородные). Такой автобус обязательно должен иметь довольно вместительное багажное отделение. В салонах — удобные сиденья с подлокотниками и подголовниками, откидывающиеся столики, специальные вешалки для одежды и полки для ручного багажа. Междугородные автобусы оборудуются биотуалетом и мини-кухней, кондиционером, аудио-, видеоаппаратурой (чтобы пассажиры не скучали в пути). На случай особо длительных переездов в кабине есть место для второго водителя.

Самое главное в международных пассажирских перевозках — обеспечение комфорта людей, отправившихся в дальний путь

ГРУЗОВИКИ

Если автобусы предназначены для перевозки большого количества людей, то грузовые автомобили перевозят различные тяжелые грузы, поэтому главное в характеристике таких машин — это их грузоподъемность. По грузоподъемности автомобили бывают особо малой грузоподъемности (до 1 т), малой грузоподъемности (до 2 т), средней грузоподъемности (до 5 т), большой грузоподъемности (свыше 5 т) и особо большой грузоподъемности (свыше 25 т).

Один из первых грузовиков чешской фирмы «Шкода», 1926 г.

Как известно, автомобиль может тянуть за собой гораздо больше груза, чем везти на себе, поэтому грузовики конструируют с учетом возможности буксировки прицепов или полуприцепов. Для этого грузовики оборудуют сцепными устройствами (буксирный крюк) и устройствами привода в действие тормозной системы прицепа. Тип кузова грузового автомобиля зависит от того, где будет «трудиться» грузовик. Это может быть бензовоз, лесовоз, контейнеровоз, цементовоз и т. д., так же бывают самосвалы, фургоны, рефрижераторы — соответственно и кузов построят специальный для каждого вида выполняемой машиной работы. Некоторые грузовики оборудуют различными механизмами для подъема и опускания груза. Ни одно предприятие, ни одна стройка не

Этот тяжеловоз тянет за собой три прицепа; он способен перевозить сотни тонн груза на довольно большие расстояния

КамАЗ-53212.
Грузовик Камского
автомобильного завода
перевозит самые
разнообразные грузы
на большие расстояния.
В его прицеп можно
загрузить 26 т. Камский
автомобильный завод —
российское предприятие
в городе Набережные
Челны. Производит
грузовые автомобили
с 1976 г.

обойдутся без таких помощников. Грузовики перевезут все, что необходимо, и на любое расстояние, поэтому при создании таких машин конструкторы ориентируются прежде всего на «профессию» грузового автомобиля. Раньше грузовики по своей конструкции были универсальными, т. е. их использовали для различных целей. Но с развитием промышленности и автомобилестроения стало понятно, что нужно выпускать машины узкоспециализированные, предназначенные для строго определенных работ. Поражают своими размерами и силой карьерные самосвалы, только колесо этой машины выше человеческого роста. А ведь существуют и такие специальные тяжеловозы, для которых и дорог-то нет. Их привозят на «рабочее место» по частям и там монтируют. Мощность «богатыря» может доходить до 3 тысяч л. с.! Правда, на большое расстояние такой автомобиль ездить не может.

ДАФ ШЕВРОЛЕ НИССАН

Одна из моделей семейства среднетоннажных грузовиков с бортовым кузовом, производимых «Шевроле Мотор Дивижн»

- «ДАФ 95XF».
  При разработке
  этой модели
  конструкторы
  сделали упор
  на надежность,
  долговечность
  и простоту
  в управлении

«ШЕВРОЛЕ»

«Шевроле Мотор Дивижн» — подразделение крупнейшего американского концерна «Дженерал Моторс», выпуск грузовиков которого составляет почти половину от общего объема всех автомобилей, производимых компанией. У «Дженерал Моторс» существует также подразделение «GMC», выпускающее грузовые автомобили еще с начала прошлого века. Обе компании

АВТОБУСЫ И ГРУЗОВИКИ

производят практически одинаковые машины, но под собственными торговыми марками. Например, для перевозки грузов до 750 кг «Шевроле» выпускает компактные пикапы «Шевроле S10», у «GMC» точно такие же — «Сонома».

«ДАФ»

«ДАФ Тракс» — нидерландская компания, подразделение концерна «Паккар», в основном производит тяжелые грузовики, но выпускает также и грузовики среднего класса, которые рассчитаны главным образом на городские перевозки. Грузовики «ДАФ» очень популярны в Европе, принимают участие в раллийных гонках, в том числе и в знаменитых «Париж—Даккар». Фирма «ДАФ Тракс» известна еще и тем, что имеет собственную международную сервисную службу. В случае поломки или неисправности необходимо связаться с ближайшим диспетчером и незамедлительно будет оказана квалифицированная помощь.

«НИССАН»

Крупнейшая автомобильная компания Японии имеет отделение по производству грузовиков (в Японии автомобили выпускают под маркой «Датсун»). Компания производит все виды грузовых машин — от легких фургонов и пикапов до тяжелых тягачей. Фирма имеет предприятия в Европе и Северной Америке. В 1983 г. «Ниссан» приобрела испанскую компанию «Иберика Мотор»; вновь созданная фирма стала называться «Ниссан Иберика» и занялась производством современных легких и средних грузовиков, спрос на которые растет год от года. Более тяжелые грузовики, оснащенные дизельными двигателями, выпускаются подразделением «Ниссан-дизель».

«НИССАН КАБСТАР» с открытой грузовой платформой. Такие грузовики еще называют автомобилем с бортовым кузовом

МЕРСЕДЕС ВОЛЬВО РЕНО

«РЕНО»

Самостоятельное отделение компании «Рено» производит грузовики нескольких, постоянно пополняющихся семейств. Так, семейство «Трафик» включает пять групп моделей, общее число модификаций которых составляет более пятидесяти. Большой популярностью пользуются легкие фургоны «Экспресс», созданные на базе легкового автомобиля «Рено R5». «Рено» принадлежит и компания «RVI», выпускающая более тяжелые машины. Грузовики семейства «Макстер» предназначены для плохих дорог и используются в основном на строительных площадках и в карьерах.

«МЕРСЕДЕС»

«Мерседес-Бенц AG» (автомобильное отделение концерна «Даймлер-Бенц») имеет подразделение, которое специализируется на выпуске грузовых автомобилей. Под маркой «Мерседес» производятся

Шасси такого автомобиля хорошо приспособлены к передвижению по самым плохим дорогам

малотоннажные, среднетоннажные и тяжелые грузовики нескольких семейств. Компания лидирует среди мировых производителей грузовых автомобилей. Ей принадлежит 14 заводов в Германии и 25 предприятий по всему миру: в Мексике и Аргентине, в Турции, Бразилии, Саудовской Аравии, в Южной Корее.

АВТОБУСЫ И ГРУЗОВИКИ

*Такой автомобиль перевозит
десятки тонн различных грузов*

«ВОЛЬВО»

«Вольво Тракс Корпорейшн» — подразделение известной шведской автомобильной компании «Вольво». Грузовые автомобили этой фирмы еще в 20-х гг. прошлого века прославились очень высоким качеством и надежностью. «Вольво» занимает одно из ведущих мест в мире по производству тяжелых грузовиков. Фирма выпускает несколько семейств таких машин в различных модификациях. В индексе автомобиля буква «F» указывает на расположение кабины над двигателем, буква «Т» — кабина за двигателем. Грузовики, выпускаемые компанией, могут использоваться во всех отраслях — от магистральных перевозок до тяжелых строительных работ. Компания постоянно занимается модернизацией моторов, разработкой современных комфортабельных кабин, традиционно много внимания уделяется безопасности и экологичности автомобилей. «Вольво» имеет множество филиалов и дочерних компаний по всему миру, включая Австралию и Латинскую Америку.

*«ВОЛЬВО FH» с кузовом-
цистерной для перевозки
жидких грузов*

Кабины тяжелых грузовиков, перевозящих грузы на дальние расстояния, оборудованы с максимальным удобством для управления. Вся информация с многочисленных электронных приборов и датчиков поступает на размещенные на панели приборов дисплеи. Электроника управляет двигателем, обеспечивает переключение механической и автоматической коробок передач, контролирует тормозную систему автомобиля.

ИВЕКО ФОРД МАКК

«ИВЕКО ЕВРОТРАККЕР». *Это семейство тяжелых грузовиков разрабатывалось специально для работ в сложных дорожных условиях*

«ИВЕКО»

«Ивеко» — итальянская компания по производству грузовиков и автобусов всех классов и типов, это одна из крупнейших европейских компаний. Легкие и средние грузовики, выпускаемые «Ивеко», предназначены для перевозок небольших партий различных грузов на дальние расстояния. Компания выпускает и тяжелые грузовики, которые используются и в качестве шасси для самосвалов и специальных кузовов.

«ФОРД»

«Форд Мотор Со. Трак Оперейшнс» — подразделение крупнейшего американского концерна, выпускающего грузовики. «Форд» является мировым лидером по выпуску грузовых автомобилей и автобусов всех типов и классов. Сборку грузовых автомобилей производят филиалы более чем в двадцати странах мира, но основная масса машин сходит

«ФОРД». *Грузовики, выпускаемые компанией, не менее популярны и известны в мире, чем легковые автомобили*

с американских конвейеров. Компания выпускает не только тяжелые и средние грузовики, но и пикапы, очень популярные в США. Эти недорогие и простые в управлении машины рассчитаны на индивидуальное использование. Также большим спросом в Америке пользуются грузопассажирские и грузовые фургоны грузоподъемностью до 1 т.

«МАКК»

«Макк Тракс Inc.» — американская компания по выпуску грузовых автомобилей. Главный офис находится в городе Аллентауне в штате Пенсильвания. Эта старейшая фирма выпускала грузовые автомобили еще в начале прошлого столетия. История фирмы начинается в 1900 г., когда конструктор Джон Макк собрал 20-местный автобус. Позже его компания перешла на выпуск грузовых автомобилей, и уже к 1911 г. фирма стала ведущей в Америке. Выпускались грузовики самого разного назначения — от небольших пикапов до карьерных самосвалов. Сегодня компания, помимо самих автомобилей, выпускает также все комплектующие узлы и агрегаты. Под маркой «Макк» производятся среднетоннажные и тяжелые грузовики нескольких семейств.

Этот тяжелый грузовик «МАКК» — типичный представитель старейшей мировой марки

Первый российский грузовик был построен Петром Фрезе на собственном маленьком заводике в Петербурге, и произошло это в 1903 г.

ОПРЕДЕЛИТЕЛЬ ЭМБЛЕМ

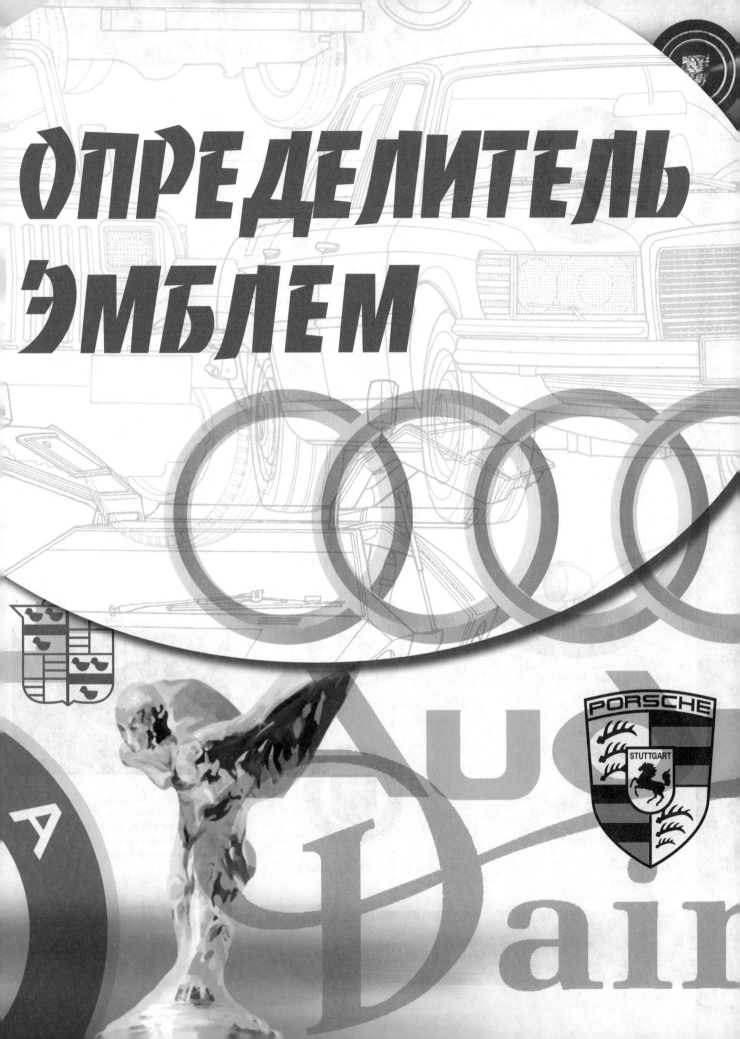

Эмблемы

В несущемся потоке автомобилей мы невольно обращаем внимание на самые необычные, выделяющиеся из общей массы машины. Как имя твое, автомобиль?.. Но не стоит завидовать знатокам, с ходу определяющим и марку, и модель авто. Запасись терпением и вниманием — и ты тоже с легкостью скоро будешь узнавать «незнакомца». Да, машин огромное множество, но все они непременно имеют свой опознавательный знак — эмблему, которая чаще всего располагается на самом видном месте: на капоте, на крыле автомобиля, на руле, хотя порой местом расположения фирменного знака может служить достаточно укромный уголок какой-либо части кузова. Конечно, истинный знаток может и не обратить внимание на эмблему. Такому достаточно хорошо известны и многие модели автомобилей, и дизайнерские пристрастия производителя: будь то форма кузова или решетки радиатора, которые тоже порой являются своеобразной «визитной карточкой» фирмы. Но мы начнем все-таки с самого простого — с эмблемы.

АЗИЯ (Южная Корея) — Azia. Грузовики, внедорожники

Акура (Япония). Легковые

Альфа-Ромео (Италия) — Alfa-Romeo. Легковые, спортивные. Змей и крест «Альфа-Ромео» взяты из старинного герба города Милана, где расположен завод

Ак (Англия) — АС. Спортивные

Альпина (Германия) — Alpina. Спортивные

ОПРЕДЕЛИТЕЛЬ ЭМБЛЕМ

АРО (Румыния) — ARO. Внедорожники

Астон-Мартин (Англия) — Aston-Martin. Спортивные

Ауди (Германия) — легковые, спортивные. Четыре кольца символизируют слияние компаний «Ауди», «Хорьх», «ДКВ» и «Вандерер»

Бентли (Англия) — Bentley. Легковые

Беркхоф (Голландия) — Berkhof. Автобусы

BERTONE

Бертоне (Италия) — Bertone. Спортивные

БМВ (Германия) — BMW. Легковые, спортивные, внедорожники. БМВ, кроме автомобилей, когда-то выпускал авиамоторы. На его эмблеме — пропеллер на фоне голубого неба

Бристоль(Англия) — Bristol. Спортивные

Бугатти (Италия) — Bugatti. Спортивные

Бьюик (США) — Buick. Легковые

137

ВАЗ (Россия). Легковые, внедорожники. В основу эмблемы Волжского автомобильного завода лег силуэт ладьи — древнерусского корабля, какие когда-то плавали по реке Волге

Ван Хоол (Бельгия) — Van Hool. Автобусы

Вентюри (Франция) — Venturi. Спортивные

Воксхолл (Англия) — Vauxhall. Легковые

Что такое эмблема? Это изображение, связанное с каким-либо понятием или событием. Например, белая голубка, нарисованная художником Пабло Пикассо, считается символом мира. Так же всем хорошо известна эмблема Олимпийских игр — переплетенные кольца, символизирующие пять континентов — Европу, Азию, Америку, Африку и Австралию. А вот эмблему автомобиля хочется гордо назвать родовым гербом, ведь порой в нехитром изображении отражена целая история фирмы или ее владельцев. Вспомним, что гербовые изображения появились во времена средневековых рыцарей, ими украшались доспехи и одежда воина, участвовавшего в турнире или выступающего в далекий поход. Герб переходил от отца к сыну из рода в род. А составлением гербов занимались специальные люди — герольды. Ведь правильно составленный герб о многом может рассказать! Так же и эмблема автомобиля. Правда, с появлением на улицах городов «безлошадных экипажей» и с развитием автомобилестроения «родовые гербы» теперь придумывают люди, чья профессия называется дизайнер. Дизайнеры разрабатывают также внешний вид автомобиля, проектируют удобный и красивый салон. Заводы могут менять свое название, владельцев, но эмблема — торговая марка — должна оставаться неизменной, чтобы покупатель мог знать, кто изготовил машину, — известная фирма с давней историей и опытом или совсем новая. Сейчас фирмы имеют свои заводы в разных странах мира, но мы знаем, что торговая марка — это гарантия качества и ответственности производителя за свою продукцию.

VOLVO

Вольво (Швеция) — Volvo.
Легковые, грузовики, автобусы

Дайхатсу (Япония) — Daihatsu.
Легковые, внедорожники

ДАФ (Голландия) — DAF.
Грузовики, фургоны

ГАЗ (Россия). Легковые,
грузовики, фургоны, автобусы.
Эмблема завода с изображением
оленя повторяет часть герба
Нижнего Новгорода

Данжель (Франция) — Dangel.
Внедорожники. Эмблема отражает
характер производимой продукции:
автомобилей колесной формулы 4Х4

Дачия (Румыния) — Dacia. Легковые

ОПРЕДЕЛИТЕЛЬ ЭМБЛЕМ

Дженсен (Англия) — Jensen.
Спортивные

Jeep

Джип (США) — Jeep.
Внедорожники, пикапы

Додж (США) — Dodge.
Легковые, внедорожники, пикапы.
На эмблеме… баранья голова.
«Виной» тому одна из моделей,
выпускаемых компанией,
изогнутый выхлопной коллектор
которой напоминал витые рога
горного барана

Даймлер (Англия) — Daimler.
Легковые

Дэу (Южная Корея) — Daewoo.
Легковые. На эмблеме —
стилизованная морская раковина

ЗАЗ (Украина). Легковые

ЗИЛ (Россия). Легковые,
грузовики, фургоны, автобусы

IVECO

ИВЕКО (Италия, Германия) —
IVECO. Грузовики

ИЖ (Россия).
Легковые, фургоны

Изота-Фраскини (Италия) —
Izotta-Fraschini. Спортивные

Икарус (Венгрия) — Ikarus.
Автобусы

Инфинити (Япония) — Infiniti.
Легковые

Иризар (Голландия) — Irizar.
Автобусы

139

ISUZU

Исудзу (Япония) — Isuzu. Легковые,
внедорожники, автобусы

КАвЗ (Россия). Автобусы

Кадиллак (США) — Cadillak.
Легковые. Основу эмблемы
составляет родовой герб
основателя Детройта Антуана
де ла Мота Кадийяка

КамАЗ (Россия).
Грузовики, легковые

Ламборгини (Италия) —
Lamborghini. Спортивные.
На эмблеме, как и
на семейном гербе
Ламборгини, изображен бык

Лижье (Франция) — Ligier.
Легковые. В эмблеме
«Лижье» — национальный
и спортивный финишные
флаги

Катерхэм (Англия) —
Caterham. Спортивные

Лэнд-Ровер (Англия) — Land-
Rover. Внедорожники. Герб
фирмы — бушприт парусника,
рассекающего волны,
обрамленный рыцарским щитом.
Однако для автомобиля завод
использует скромную эмблему:
буквенное название фирмы на
темно-зеленом фоне

Линкольн (США) — Lincoln.
Легковые, внедорожники

КИА (Южная Корея) — KIA. Легковые,
внедорожники, грузовики

Лотос (Англия) — Lotus.
Спортивные. В желтый
и зеленый цвет окрашивались
кузова гоночных «Лотосов».
В вензеле сплетены инициалы
полного имени основателя
фирмы Энтони Брюса Колина
Чемпена

Комацу (Япония) — Komatsu.
Самосвалы

Лексус (Япония) — Lexus.
Легковые, внедорожники.
В основе эмблемы —
стилизованная буква «L»
в овале

ЛуАЗ (Украина).
Внедорожники

ЛиАЗ (Россия). Автобусы

Крайслер (США) — Chrysler.
Легковые

ЛИАЗ (Чехия) — LIAZ. Грузовики

Лянча (Италия) — Lancia.
Легковые

КрАЗ (Украина). Грузовики

ОПРЕДЕЛИТЕЛЬ ЭМБЛЕМ

МАЗ (Белоруссия). Грузовики

Мазда (Япония) — Mazda. Легковые, спортивные. Логотип — вписанная в овал стилизованная начальная буква названия компании

Маркос (Англия) — Marcos. Легковые

Марути (Индия) — Maruti. Легковые

Мазерати (Италия) — Mazerati. Спортивные

Мега (Франция) — Mega. Спортивные. В основе эмблемы — трехспицевый руль, его дополняют финишный спортивный флаг и флаг государства Монако

МАЗ-МАН (Белоруссия). Грузовики

МГ (Англия) — MG. Спортивные

Меркурий (США) — Mercury. Легковые. Так создатели логотипа представляют себе букву «М»

Макк (США) — Mack. Грузовики

Мерседес-Бенц (Германия) — Mercedes-Benz. Легковые, грузовики, внедорожники, автобусы, фургоны

МАН (Германия) — MAN. Грузовики, автобусы

Марден (Франция) — Marden. Легковые

Микрокар (Франция) — Microcar. Легковые

Мини (Англия) — Mini. Легковые

MITSUBISHI MOTORS

Мицубиси (Япония) — Mitsubishi. Легковые, внедорожники, грузовики. Название «Мицубиси» переводится как «три бриллианта»; стилизованное изображение трех драгоценных камней изображено на эмблеме

Морган (Англия) — Morgan. Спортивные

Москвич (Россия). Легковые. Фирменная эмблема — начальная буква названия, стилизованная под зубец кремлевской стены

Неоплан (Германия) — Neoplan. Автобусы

Ниссан (Япония) — Nissan. Легковые, внедорожники, грузовики, автобусы. На эмблеме изображено красное восходящее солнце, пересеченное надписью с названием фирмы

Оверлан (Франция) — Auverland. Внедорожники

Олдсмобиль (США) — Oldsmobile. Легковые, внедорожники

Опель (Германия) — Opel. Легковые, внедорожники, фургоны. Буква «О» перечеркнута молнией. Это дань памяти успешной грузовой модели «Blitz» («молния»), которую компания выпускала около тридцати лет

ПАЗ (Россия). Автобусы

Пежо (Франция) — Peugeot. Спортивные

Пининфарина (Италия) — Pininfarina. Спортивные

Понтиак (США) — Pontiac. Легковые

Порше (Германия) — Porshe.
Спортивные. В основе эмблемы —
герб города Цюффенхаузена,
где и была основана компания

Роллс-Ройс (Англия) — Rolls-Roys.
Легковые. На эмблеме — две
сплетенные буквы «R» — начальные
буквы фамилий основателей фирмы

Протон (Малайзия) — Proton.
Внедорожники. Эмблема —
символ солнца на фоне венка
из звезд

Пух (Австрия) — Puch. Внедорожники

Сатурн (США) — Saturn. Легковые

Ситроен (Франция) — Citroen.
Легковые, фургоны

Рено (Франция) — Renault. Легковые,
спортивные, фургоны, грузовики,
автобусы

СеАЗ (Россия). Легковые

Скания (Швеция) — Scania.
Грузовики, автобусы

Ровер (Англия) — Rover. Легковые.
«Ровер» в переводе с английского
означает «странник», «бродяга».
Символ корабля-странника
изображен на эмблеме компании

СЕАТ (Италия) — SEAT. Легковые,
фургоны

Смарт (Франция. Германия) — Smart.
Легковые

Спектр (Англия) — Spectre.
Спортивные

Сузуки (Япония) — Suzuki.
Легковые, внедорожники

Субару (Япония) — Subaru.
Легковые, внедорожники

Тата (Индия) — Tata. Легковые,
внедорожники, пикапы, грузовики

Татра (Чехия) — Tatra. Грузовики

ТВР (Англия) — TVR. Спортивные

Тойота (Япония) — Toyota. Легковые,
внедорожники. На эмблеме — две
сплетенные петли: раньше завод
изготовлял станки для производства
трикотажных тканей

Томазо (Италия) — Tomaso.
Спортивные

Тофаш (Турция) — Tofas. Легковые

УАЗ (Россия). Внедорожники,
грузовики, автобусы

Урал (Россия). Грузовики

Фаун (Германия) — Faun. Грузовики,
самосвалы

Феррари (Италия) —
Ferrari.
Спортивные.
В основе эмблемы —
гарцующий
черный конь
из родового герба
легендарного
итальянского
летчика
Ф. Баракки

ФИАТ (Италия) — FIAT. Легковые,
спортивные

Польский ФИАТ (Польша) —
Polski FIAT. Легковые

ОПРЕДЕЛИТЕЛЬ ЭМБЛЕМ

Фольксваген (Германия) — *Volkswagen*. Легковые, фургоны, грузовики. На эмблеме начальные буквы двух слов «фолькс» и «ваген» — «народный автомобиль».

Шатене (Франция) — *Chatenet*. Легковые

ЭРФ (Англия) — *ERF*. Грузовики

Форд (США) — *Ford*. Легковые, внедорожники, пикапы, фургоны, грузовики

ФСМ (Польша) — *FSM*. Легковые

Шевроле (США) — *Chevrolet*. Легковые, внедорожники, пикапы, фургоны

Хёндэ (Южная Корея) — *Hyundai*. Легковые, грузовики, автобусы

Шкода (Чехия) — *Škoda*. Легковые

Хонда (Япония) — *Honda*. Легковые, спортивные

Эос (Голландия) — *EOS*. Автобусы

Ягуар (Англия) — *Jaguar*. Легковые, спортивные

ловарь

Автобан — скоростная магистраль, автострада.

Автосалон — выставка для демонстрации новых моделей автомобилей.

Аккумулятор — устройство для накопления электрической энергии, позволяющее в дальнейшем эту энергию использовать.

Акселератор — регулятор количества горючей смеси, поступающей в цилиндры двигателя внутреннего сгорания. Предназначен для изменения скорости движения машины.

Амортизатор — устройство для смягчения ударов и уменьшения тряскости при движении.

Антикоррозийное покрытие — специальный состав, защищающий металлический кузов автомобиля от проржавления.

Бак (топливный) — емкость для горючего.

Балансировка — уравновешивание механизмов.

Баллон — резиновая автомобильная шина, заполняемая воздухом (камера).

Бампер — устройство автомобиля, смягчающее легкие удары.

Бокс — специально отведенное на трассе гонок место, где бригада механиков устраняет поломки, производит дозаправку топливом и замену шин.

Болид — скоростной гоночный автомобиль.

Борт — стенка кузова грузового автомобиля.

Вездеход — автомобиль высокой проходимости, способный передвигаться по бездорожью.

Внедорожник — легковой автомобиль повышенной проходимости с увеличенным дорожным просветом.

Габарит — внешние размеры автомобиля.

Газовый двигатель — двигатель внутреннего сгорания, работающий на газообразном топливе.

Глушитель — устройство для снижения шума двигателя.

Гоночный автомобиль — автомобиль для участия в автомобильных гонках.

Грейдер — машина для строительства и ремонта дорог, выравнивающая поверхность.

Дворник (стеклоочиститель) — устройство для механического вытирания смотрового стекла автомобиля.

Дизельное топливо — жидкое нефтяное топливо, применяемое в дизельных двигателях, известно под названием «солярка».

Днище — нижнее основание кузова автомобиля.

Домкрат — устройство для подъема груза на небольшую высоту.

Дорожный просвет (клиренс) — расстояние от уровня земли до наиболее низко расположенных частей автомобиля (колеса не учитываются).

ДТП — дорожно-транспортное происшествие.

Зажигание (в двигателях внутреннего сгорания) — воспламенение рабочей смеси в цилиндрах двигателя внутреннего сгорания от электрической искры свечи зажигания.

Кабриолет — кузов легкового автомобиля с откидывающимся верхом.

Карт — гоночный автомобиль без кузова, снабженный двигателем мотоциклетного типа для соревнований на небольшой площадке.

Картинг — спортивные гонки, так же называется и площадка для этих гонок.

Кокпит — открытая кабина гоночного автомобиля.

Колея — расстояние между колесами каждой оси автомобиля.

Коробка скоростей — в автомобилях называется коробкой передач.

Кузов автомобиля — часть автомобиля, где размещаются грузы и пассажиры.

Купе — закрытый кузов легкового автомобиля с одним или двумя рядами сидений и двумя дверями.

Ландо — кузов легкового автомобиля с верхом, открывающимся только над задними сиденьями.

Лимузин — закрытый кузов легкового автомобиля с перегородкой между передними и остальными сиденьями. Лимузином называют и автомобиль с таким кузовом.

Моторное топливо — жидкое или газообразное горючее для двигателя внутреннего сгорания.

Моторное масло — масло для смазки двигателя внутреннего сгорания.

Ось — деталь машин и механизмов для поддержания вращающихся частей.

Пейс-кар — не принимающая участия в гонках судейская машина, которая двигается перед группой автомобилей—участников гонки в случае временной приостановки соревнований.

Пикап — грузопассажирский легковой автомобиль грузоподъемностью до полутонны.

Пит-стоп — остановка гонщика в боксе для смены резины, дозаправки или текущего ремонта; правильный выбор времени пит-стопа и очень быстрая работа механиков позволяют гонщику сохранить свое место на трассе.

Поул-позишн — самая выгодная позиция гонщика на старте (с внутренней стороны трассы).

Протектор — толстый слой резины с канавками и выступами на наружной части шины.

Радиатор — охлаждающее устройство в двигателях внутреннего сгорания.

Родстер — кузов легкового автомобиля со складывающимся верхом, двумя боковыми дверями и одним или двумя рядами сидений.

Самосвал — грузовой автомобиль с опрокидывающейся для разгрузки платформой.

Свеча зажигания — устройство для воспламенения горючей смеси в двигателях внутреннего сгорания.

Седан — название кузова легкового автомобиля с четырьмя дверями, с двумя или тремя рядами сидений.

Спидометр — прибор, показывающий скорость, с которой движется автомобиль.

Спидстер — гоночный спортивный автомобиль.

Тормозной путь — расстояние, которое проезжает автомобиль от начала торможения до полной остановки.

Трейлер — прицеп для перевозки тяжеловесных грузов.

Тягач — машина для буксировки прицепов.

Универсал — закрытый кузов автомобиля с двумя или тремя рядами сидений, с тремя или пятью дверями, с багажным отделением, находящимся внутри пассажирского салона за задним сиденьем.

Фастбек — закрытый автомобиль с крышей, плавно спускающейся к заднему бамперу.

ФИА — Международная автомобильная федерация.

Фура — большегрузный автомобиль или прицеп для дальних перевозок.

Хардтоп — жесткий съемный верх спортивного автомобиля.

Ходовая часть — в ходовую часть автомобиля входят: рама, оси, подвеска и колеса.

Хетчбэк — легковой автомобиль с открывающейся вверх задней дверью.

Электромобиль — автомобиль, приводимый в движение электродвигателем, который питается от аккумуляторных батарей.

Указатель

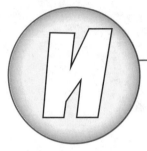

Иллюстрации

ДЛЯ МЛАДШЕГО И СРЕДНЕГО ШКОЛЬНОГО ВОЗРАСТА

Данилов Александр Васильевич

ДЕТСКАЯ АВТОЭНЦИКЛОПЕДИЯ

Консультант Л. М. Шугуров

Художники: М. О. Дмитриев, А. Г. Проскуряков, С. А. Долгов, Т. А. Жежеря, В.В. Федорченко
Фотографии М. В. Волкова
Принципиальный макет, дизайн и оформление обложки Т. А. Жежеря

Ответственный редактор А. В. Иолтуховская
Художественный редактор Е. К. Мазанова
Технический редактор А. Т. Добрынина
Корректор Л. А. Лазарева

Подписано к печати 20.10.12. Формат 60x90 $^1/_8$. Бум. Classic.
Печать офсетная. Усл. печ. л. 19,0. Доп. тираж 5000 экз. Заказ № 3477.

ЗАО «РОСМЭН-ПРЕСС».
Почтовый адрес: 127018, Москва, ул. Октябрьская, д. 4, стр. 2. Тел.: (495) 933-71-30.
Юридический адрес: 129626, Москва, ул. Новоалексеевская, д. 16, стр. 7.

*Наши клиенты и оптовые покупатели могут оформить заказ,
получить опережающую информацию о планах выхода изданий
и перспективных проектах в Интернете по адресу:* **www.rosman.ru**

ОТДЕЛ ПРОДАЖ:
(495) 933-70-73; 933-71-30;
(495) 933-70-75 (факс).

Благодарим автосалоны «АВИЛОН», «Автоконцепт», «Автомир», «АвтоПассаж», «АВТОТЕМП»,
«Автоцентр Skoda», «Гема», ЗАО «Алан-Z», ЗАО «ТПК «ТРЕЙДИНВЕСТ», «Musa Motors», «Независимость»,
ООО «Рольф Химки», ООО «СП БИЗНЕС КАР», «Пеликан-Авто», «Редеги», «Сиа-Север»,
ТК «Автогарант», «Тойота-Центр Битца», «У-СЕРВИС+», «ФК Моторс» «Эксис» за помощь в проведении фотосъемок.

Отпечатано с электронных носителей издательства.
ОАО «Тверской полиграфический комбинат». 170024, г. Тверь, пр-т Ленина, 5.
Телефон: (4822) 44-52-03, 44-50-34, Телефон/факс: (4822) 44-42-15.
Home page – www.tverpk.ru Электронная почта (E-mail) sales@tverpk.ru

Данилов А. В.
Д18   Детская АВТОэнциклопедия. — М.: ЗАО «РОСМЭН-ПРЕСС», 2013. — 152 с.

На страницах иллюстрированной АВТОэнциклопедии вы найдете увлекательные рассказы о том, как создавался автомобиль, как он устроен, как развивается современное автомобилестроение; подробно познакомитесь с историей известнейших мировых компаний; узнаете о популярных видах автоспорта, о машинах специального назначения, автобусах и грузовиках. Книга состоит из нескольких тематических разделов, словаря, определителя эмблем и указателей, с помощью которых можно легко найти нужный материал и иллюстрации.

ISBN 978-5-353-02399-9
УДК 087.5
ББК 92